傅任敢作品选

[奥]亚勒佛勒·安德娄（Alfred Adler）

著

生活的科学

傅任敢 译

上海教育出版社

图书在版编目（CIP）数据

生活的科学 /(奥) 亚勒佛勒·安德娄著；傅任敢译. —上海：上海教育出版社，2022.6
（傅任敢作品选）
ISBN 978-7-5720-1404-8

Ⅰ.①生… Ⅱ.①亚…②傅… Ⅲ.①心理学 - 通俗读物 Ⅳ.①B84-49

中国版本图书馆CIP数据核字(2022)第097124号

责任编辑　董　洪　孔令会
书籍设计　陆　弦

傅任敢作品选
生活的科学
[奥] 亚勒佛勒·安德娄　著
傅任敢　译

出版发行	上海教育出版社有限公司
官　网	www.seph.com.cn
地　址	上海市闵行区号景路159弄C座
邮　编	201101
印　刷	上海展强印刷有限公司
开　本	787×1092　1/32　印张 7.75　插页 4
字　数	104 千字
版　次	2022年6月第1版
印　次	2022年7月第1次印刷
书　号	ISBN 978-7-5720-1404-8/G·1109
定　价	59.00 元

如发现质量问题，读者可向本社调换　电话：021-64377165

编辑前言

傅任敢（1905—1982），中国现代教育家、翻译家。字苕年，原名傅举丰。1929年毕业于清华大学教育心理学系，旋至母校长沙明德中学任教务主任。1933年回清华大学任校长秘书，后奉校长梅贻琦之命，先后于重庆、长沙创办并同时主持两所清华中学，积极开展教育实验，探索现代中学办学经验。1950年应北京市副市长吴晗之邀，筹建北京市市立第十一中学，任校长。1954年参加筹建北京师范学院（今首都师范大学）工作，筹建教育教研室并任主任；1961年调入历史系资料室，从事翻译工作。1978年后重回教育研究与教学岗位。

傅任敢曾言："我有一个热切的企图：希望异域的教育上的经典都能译成中文！"从20世纪30年代开始，傅任敢先后译出了瑞士教育家裴斯泰洛齐（Johann Heinrich Pestalozzi，1746—1827）的代表作《林哈德和葛笃德》之节译本《贤伉俪》（1935

年),奥地利心理学家、个体心理学创始人阿德勒(Alfred Adler, 1870—1937)的代表作《生活的科学》(1936年),英国哲学家、教育理论家洛克(John Locke, 1632—1704)的代表作《教育漫话》(1937年),捷克教育家夸美纽斯(Johann Amos Comenius, 1592—1670)的代表作《大教授学》(1939年)以及法国启蒙思想家、哲学家、教育思想家卢梭(Jean-Jacques Rousseau, 1712—1778)与德国学前教育家、被称为"幼儿教育之父"的福禄培尔(Friedrich Wilhelm August Fröbel, 1782—1852)等人的《莉娜及其他》(1940年)等世界教育经典名著。晚年除从事史学理论、世界近代史、教育心理学等学科的翻译工作外,更致力于中国教育史的整理和研究工作,撰成《〈学记〉译述》《孔子教育思想管窥》等。

傅任敢先生无疑是我国杰出的现代教育理念传播者、实践者和阐释者,他在五十七年的教育实践与研究生涯中,培养了一批优秀人才,探索出宝贵的办学经验,出版了一系列优秀的教育论著与译作,形成了理论与实践相契合,具有自己特点的教育思想,为我国教育现代化提供了宝贵的思想资源。如今,"傅任敢作品选"由我社分批出版,我们可以更为便利、全面和深入地从他那"一笔不苟,而又流畅可读"(何炳松《〈贤伉俪〉汉译本序》)的文字里,丰富教育学识,汲取教育智慧。

《生活的科学》是傅任敢先生最具代表性的译作之一,初版于1936年9月,为商务印书馆"汉译世界名著"丛书之一。本次重版,即以初版为底本,改用横排简体,同时参考了教育科学出版社2011年出版的首都师范大学"傅任敢教育思想与实践之研究"课题组编的《傅任敢教育文集》,秉持"小而精"、易于阅读与收藏的原则,改进了书籍的开本和装帧。为了保持作品的历史原貌,我们对内容基本不作修改,只在订正个别文字和统一体例方面做了必要的工作;原书人名、地名等专名以及概念、术语等的译法与今之习惯用法不一致处,亦不作改动,只在全书内保持一致,必要处作注释,以备读者阅读;原书标点有些与今天的习惯用法存在差异,在可能影响理解处作适当改动;若确系排印舛误、数据计算和外文拼写错误等,则予以径改。如有疏忽,敬请读者批评指正。

须加一笔的是,傅任敢先生的大量教育资料、文稿、书籍曾于特殊时期损失殆尽,如果没有傅任敢先生的夫人杨仁女士晚年在20多年的时间里辛苦搜集和整理,傅任敢先生的很多作品,我们今天是无法看到的。其中有些作品,如《〈学记〉译述》《教育漫话》《大教学论》等教育经典名著,傅任敢先生晚年于重病中重新校订,都是由杨仁女士逐字逐句念出来,再将傅任敢先生的修改意见誊录后完成的。

为便于读者了解本书要旨,特邀请首都师范大学王长纯教授撰写跋附于卷末,以飨读者。

在我们编辑出版过程中，傅任敢先生的三位女儿傅平生、付渝生、傅乐生及首都师范大学王长纯教授给予了大力支持，在此一并致谢。

上海教育出版社教育与心理出版中心
2022 年 6 月 1 日

傅任敢(1905—1982)

傅任敢与夫人杨仁（1981年）

谨以此译纪念我的父亲傅善伯先生五十寿诞

任敢谨志

本译曾承国立清华大学心理学系主任孙国华先生校阅，译者对他深为感谢。但是译文如有漏误生硬之处，还是译者的责任，与孙先生无关。又译文初稿曾承国立中山大学教育系主任胡毅先生阅过一遍，译者对他也很谢谢。

现代心理学的派别是很多的，其中最重要、最有影响于实际生活的一派叫作心理分析派（psychoanalysis）。心理分析派中又分三个小系。第一个系统是佛洛特（Freud）①领导的，它的中心观念是性力（libido）。第二个系统是琼恩（Jung）②领导的，它的主要贡献是内倾（introversion）与外倾（extroversion）。第三个系统是安德娄③领导的，它的中心观念是自卑情结（inferiority complex）与自高情结（superiority complex）。这本书是安德娄的一本代表作品，一方面对于他的学说很能深入浅出地说个明白，一方面对于我们的实际生活也给了不少的指导。

——译者

---

① 佛洛特（Sigmund Freud），今译"弗洛伊德"。——编者注
② 琼恩（Carl Gustav Jung），今译"荣格"。——编者注
③ 安德娄（Alfred Adler），今译"阿德勒"。——编者注

安德娄先生像

(采自:W. B. Pillsbury:The History of Psychology)

目录

1/ 作者及其作品

1/ 第一章 生活的科学

22/ 第二章 自卑情结

41/ 第三章 自高情结

59/ 第四章 生活的方式

75/ 第五章 往事的回忆

92/ 第六章 态度与动作

109/ 第七章 梦与梦之解释

126/ 第八章 问题儿童及其教育

149/ 第九章 社会问题与社会适应

164/ 第十章 社会意识常识与自卑情结

178/ 第十一章 恋爱与结婚

194/ 第十二章 性欲与性欲问题

207/ 第十三章 结论

209/ 跋（王长纯）

作者及其作品

亚勒佛勒·安德娄（Alfred Adler）[①]博士的心理学作品，其方法是科学的、一般的，而实际则在研究个别的人，所以称作个别心理学。个别心理学所研究的对象是具体的、特殊的、个别的人，我们也唯有从日常所见的男女老幼着手，才能真正懂得个别心理学。

个别心理学对于现代心理学有个最大的贡献，它表明了一切心理活动都是为个人服务的，个人的一切才能努力都是朝着一个目标的。这样一来，我们便能洞察人群的理想、困难、努力、颓丧，对于每个人的人格都能得到一种整个的、生动的印象。

[①] 亚勒佛勒·安德娄（Alfred Adler），今译"阿尔弗雷德·阿德勒"。——编者注

在这种有调节的系统里面，我们似乎已经得到了最后的解决，但是我们应该明白：这还只是一种基础方面的成功而已。人心本是一切实体中最流动的、最变幻的、最不可捉摸的，对于它的起伏不定的情形的研究，从来没有一种方法有个别心理学这样又谨严而又能够适用的。

安德娄不独认为科学是人类共同努力的产物，而且认为智慧的本身也是人类共同努力的结果，所以他特别觉得自己的无与伦比的贡献是受了他的过去的和同时的同行的影响。因此，我们顶好看看安德娄和所谓心理分析运动的关系，我们第一步就要简单地回溯那种激起整个心理分析运动的哲学上的刺激。

现代的心理学本来都认为"无意识"是一种生机的—生理的记忆。但佛洛特（Freud）自始就是一个歇斯迭里亚（hysteria）①的专家，他认为关于性欲生活的成败的记忆顶重要，差不多是唯一的要件。琼恩（Jung）是个富有天才的精神病理学者，想把这

---

① 歇斯迭里亚（hysteria），今译"歇斯底里"。——编者注

种不幸的狭隘的见解扩大一点，他说有种超个人的、种族的记忆，他认为那种记忆和性欲的记忆有同样的力量，而且对于人生的价值还要大些。

亚勒佛勒·安德娄是个医生，他有广博的普泛的经验，要把"无意识"的概念和生物实体的关系更加固结起来。他本是正统的心理分析学派，他把记忆从凝固的情绪状态中分析出来，使它们变得又清晰，又客观，著了不少的成绩。但是据他说，各人的全盘记忆系统是各不相同的。各人的无意识的记忆并不全是绕着一个中心的动机，如同性欲之类的。各人有各人的方法，从一切可能的经验里面选定自己的经验。选择的原则是什么呢？安德娄的答复是：根本上由于机体上有种"需要"，觉得有种特殊的缺陷，需要抵补。好像每个人的心里都明白自己整个物质的实体，时时都在注意设法抵补身体上的缺陷。

比如身体矮小的人，就想做出一种眼前的伟大样子，耳聋的人，则要抵补自己听不见的毛病，他们的整个人生都可以作如此解释。自然事情不是这样简单的，因为一群的缺陷就可以引起一群的指导观念，而且人类还有想象中的缺陷和幻想中的努力；不过原理原则终究是一样的。

性欲生活，决不能支配一切的活动，它是完全与那些更重要的抵补努力相符合的，因为性欲生活受着情绪的支配，情绪又是整个生活史所范成的。所以，佛洛特派的分析可以说是对于某个生活路线在性欲方面的"结果"给了一个真实的叙述，但是它所叙述的也止于是这样一种真实的"诊断"而已。

心理学现在是第一次以生物学为根据了。心理的倾向，心理的发展，好像自始就是因为个人对于机体的缺陷或者地位的卑下想要努力抵补，受了那种努力的支配。大凡有机物禀赋中的例外的、特殊的事情，都是这样起源的。人类如此，动物如此，甚至植物或许也是如此，种族的特别天赋，是因为在环境里面有了缺陷，有了不如的地方，后来用活动、生长、构造等方法抵补成功了的缘故。

把抵补的观念当作个生物学的原则，并没有什么新奇的地方，因为大家早就知道，身体上面某一部分受了伤，别一部分便特别发展，去抵补伤了的部分。比如一个肾没有用处了，其余那个肾便变态地发展，一直到能兼做两个肾的工作而后已；假如心脏的瓣膜有了漏洞，心脏便长大，免得损失了效率；神经组织如果坏了，附近的别种组织便去代行它的工作。整个机体之用抵补的办法去应付某种工作的急需，例子太多了，大家都很知道，是用不着说明的。但是把这种原则从身体上转用到心理学上来，把它当作一个基本的观念，把它在心理上智慧上的功用表明出来的，安德娄博士却是第一人。

安德娄不独主张医生应研究个别心理学，而且主张一般人也应研究，尤其是做教员的人。心理学的修养，现在已经成了一种普遍的需要；虽则一般人反对研究心理学，认为研究现代的心理学必得注意疾病的和悲惨的病案，那种注意是不健康的，但是我们对于心理学仍旧应该坚决地拥护。心理分析的文献确乎暴露了现代社会最中心的最普遍的恶罪。但是现在的问题不在我们应该考虑自己的错处，而在我们应该从此得点教训，受点益处。我们以前过的生活，是好像人类的心理不是个实体一样，好像我们可以不顾心理方面的真理就能够创立一种文化的生活。安德娄所主张的，不是要大家普遍地研究心理病理学，他是对于一种积极的科学的心理学贡献了基本的原则，他希望大家遵照这种积极的科学的心理学，去实际改造社会，改造文化。但是，假如我们太怕了，怕真理，那么这种希望便无法实现。我们的生活不能缺少一种正当的目标，但是如果我们对于自己的错误没有较深刻的了解，我们对于生活的正当目标便不能有较清晰的认识。我们尽管不愿意知道丑恶的事实，但是我们对于生活愈有真实的认识，我们便愈能知道使得生活无用的真正毛病，正同光线愈明亮则阴影愈清晰是一样的道理。

积极的、有益人生的心理学，不能专凭心理现象，更不能专凭病理的征候去建立。它还需要一个统制的原则，安德娄对于这种需要是不畏缩的。他认为人世的社会生活是有因果关系的，这种关系是必然地存在的。

我们认识了这个原则，就该估量个人心理和这个原则的关系。个人的内部生活和社会的关系，可以从三种"生活态度"看出来,这三种态度是:他对社会的一般反应,对工作的一般反应和对恋爱的一般反应。

无论男女,都可以根据自己对于整个社会的感觉,知道自己对于社会究有多少勇气;所谓对于整个社会的感觉,是指对于任何人、一切人的感觉。有自卑心理的人,到了社会里面,总是觉得害怕,觉得不安稳,至于外表的表示,也许是畏缩,也许是骄慢,也许是谨慎缄默,也许是过于焦急。一切内心的怀疑、敌视,一切无故的谨慎退避,这种种感觉如果影响到了个人与社会的关系,也就是一种避免现实的倾向,使人对于自己没有自信的能力。对于社会之理想的、常态的态度是不紧张,不考虑,相信人类是平等的,不因不平等的地位而改变其平等的本质。一个人的生活要和谐,才能觉得自己稳稳的是人类的一个分子,要觉得自己稳稳的是人类的一个分子,才能对于社会有勇气。一个人从自己对于邻里、桑梓、国家、异国的感觉,甚至于只要看自己在报上读了关于邻里、桑梓、国家、异国的新闻起些什么反应,就可以推论自己的心理究竟安稳到了什么地步。

个人对于工作的态度和他自觉在社会里面是安稳的感觉,也有密切的关系。人就职业,是分享了社会的福利,他便得明白社会的需要。假如他觉得自己太弱了,和社会太合不来了,他便不能相信自己的工作会得到社会的认识,他工作的目标,甚至于不在求得社会的认识,而在图安全,图金钱,图利益。他对于自己能做的最真实的服务,再也不加思索了,他不努力,怕不上算。再不然他就总想在经济方面偷懒取巧,不顾有用无用,有利无利,只就兴之所至,随心所欲而已。在这两种情形之下,不独社会因为得不到个人的最好的服务,受了损失,就是个人方面,也因不能达到自己在社会上应有的地位,很觉失望的。现代的世上,以世俗的眼光看来是充满了成功与失败的男女,他们与自己所就的职业显然是不相合的。他们对于自己的职业,缺乏信仰;他们责备社会的状况,他们责备经济的情形;本来,他们的责备也未尝没有一部分的理由,但是事实上他们的勇气也太小了，不能够在经济方面尽其最善的努力。他们不是勇气不足，不敢行其所信，便是对于社会需要他们去做的事情看不上眼。所以，他们所追求的是自己个人的利益，甚至于追求的手段还欠光明。自然，我们应该承认，社会组织方面的毛病很多，个人真想对于社会有所贡献的时候，除了有时候下的判断不免有错之外，还常常碰到严重的阻碍。但是"尽其在我"的努力，社会方面固可得到它的利益，个人也是很需要的。一种职业，如果里面没有困难可以克服，你是不会喜欢的，你不会喜欢一种专和困难相妥协的职业。

第三种生活态度是对于恋爱的态度，是决定色欲生活的。前面所说的两种生活态度，对社会的态度和对工作的态度，如果适应得当，最后这一种自然会正当的。如果对于恋爱的态度错了，它也不能离了前面两种而独自改良的。虽然我们对于社会关系、职业问题，可以想要如何如何去改良，但是我们的注意力如果集中在个人的两性问题上面，结果一定愈弄愈糟。因为性欲问题是结果，决不是原因。

一个人的日常社会生活失败了，或是职业方面受了挫折，他在两性生活方面的行为就像是要抵补那种失败挫折似的。凡是性欲方面的毛病，无论是个人的孤僻也好，配偶的贬黜也好，性能的反常也好，实际上我们顶好都用这种方法去了解。友谊也和恋爱生活是一起的；但是，非如最初的心理分析学者所想象的一样，友谊是性爱的纯化；实际情形，恰恰与此相反。性的胁迫——性为一种不受约束的心理因素——是一种变态的替代品，替代有益的亲切友谊；至于同性恋爱则常是恋爱不能的结果。

我们加诸感觉的意义和价值也和色欲生活有密切的关系，这是许多大诗人所证实了的。我们对于"自然"的心情，对于海洋大地所起的美感，对于形声色泽的反应，以及我们对于风云雷雨的乐此不疲，我们都是用的对情人一样的态度。美感生活对于艺术文化是很重要的，究其起源，都是由于个人方面的社交勇气，有益有用。

我们不要以为社会意识是一件难于创造的东西。社会意识和自私心理是一样的自然，一样的出于人类的天性，并且以生活的原则而论，社会意识还要占先一步。社会意识用不着我们去创造，我们只要在它受了阻抑的时候把它解放出来就够了。人生幸而有这一个原则。假如有人以为公共汽车夫、铁路工、送乳夫即使没有多少社会意识的本能，做事也能一样地好，那么，那人的统觉组织便很有神经病的嫌疑。老实说来，社会意识之所以被阻遏，是因为人类有种极大的虚荣心，而虚荣心又是非常微妙的，所以在安德娄以前虽则有少数的诗人看透了虚荣心是普遍地存在的，但是专门的心理学家谁也看不出来。虚荣心既常是全不被人疑到的，所以莫说世上的伟人，就是一个低级的新闻记者，一个铺子里的伙计，一旦起了野心，也可以堕落不堪的。

凡是自卑的心理，使人在生活上吃了苦头，必致养成一种幻想，以为自己在别方面是和上帝一样的伟大，结果有许多人弄得自负非常，对于现实世界里面的卓越地位都不要了，另去创造一个新的世界，去做那个新的世界的上帝。这种关于人性深处的发现，从研究人类的实际野心，固然可以证明，但是实际野心无论是如何拿破仑式的（Napoleonic），其证明的效力还不及消极的反抗、延宕、诈病等等，因为消极的反抗、延宕、诈病，最能显示一个人因为不能支配现实的世界而觉痛苦，因而无论自己受着何等的损害，都拒绝和现实的世界合作，一方面是为得好去支配另一范围较狭的环境，一方面也因他有一种不合理的感觉，觉得现实世界如果不能得到他的高贵的合作，便会崩溃，溃成他心目中所想象的渺小样子。①

我们既然知道了人类有种过好虚荣的倾向，而我们自己又不敢自命为不可思议的例外，徒然去加重那种虚荣心，那么，我们该怎么办呢？安德娄的答复是：我们对于一切经验都该保持一种相当的态度，那种态度他叫作"人己各半"的态度。我们要认定世界、社会或我们所遇见的人都和我们自己同样地对，我们的行为才是常态的。我们不应该看不

---

① 如果读者觉得这种说法过于夸张，我们便可以想想一宗事实：差不多一切最仄狭的宗派，世俗的或宗教的，都相信世界会崩溃，以为他们所退出的世界，他们所不能改变信仰的世界，是会毁灭，只有少数人可以得救，那些得救的便是他们同派的人。

起自己，也不应该看不起环境，我们要假定自己和环境各有一半是对的，要承认自己的实在，也要承认别人的实在。这层道理，不独在与别人接触的时候适用，就是我们对于雨天、假期，或自己所不能置备的安乐用品，甚至于刚刚误过了的公共汽车的心理反应，都是能适用的。

这理想如果大家真能懂得，可知不是一种难于做到的、使人不快的屈辱。实际上我们对于宇宙间的任何现象都认为和我们自己是同样的实在，有同等的能力，正是我们的自高身价之处。

如果我们不认自己与别人有同等能力，便是妄自菲薄，因为凡是我们和人家相接触的结果，一半是看我们的做法而定的。个人对于自己所遭逢的事情，应该认定自己一半的份。

关于职业方面，这种忠告常很困难。一般人在职业方面所遭逢的实情比在通常的社会生活中的显露得多，一方面要顾到个人的目的，同时又要顾到混乱的环境状况，差不多是不可能的。

而双方兼顾就等于承认混乱的环境状况就是个

人的真问题，事实上就是个人的行动的正当范围。分工制度的本身是合理的，是有用的，而其结果呢？却使人类生了妄自尊大的毛病（megalomania），无缘无故弄出些不平等、分阶级、无正义的事情，使得我们的经济生活纠结纷乱，将来难免不趋于崩溃之一途。对于这种疯狂的环境状况，就是最优秀的人，要一方面承认它的实在，一方面同样求它的改良，也常觉得很难坚持下去。他们因为心里想借词规避，便去服从纷乱的环境，再不然就去做点表面工夫的救济，避开实在的问题不管；有时候他们认为有些东西的本性是龌龊的，自己的工作生活不能不受那种本性龌龊的东西的玷污，不知自己因为存了这种态度，自己便变得自负傲慢了。深刻点说，简直变得毫无忌惮了。很少的人知道正当的办法是在合乎人情的范围以内，和与自己同境况、同职业的人相结合，认定职业的正当价值是一种社会服务，设法把它改良，这才是调剂个人经济生活的真正好办法。许多人怨天尤人，说工作状况不好，可是他们不把工作看作人类生活的一种功用，不去把它改革，更从不想到安那琪式的个人主义是工作不好的病根，去对它下番攻击。我们研究个别心理学，知道人人都有一种责任，无论自己是就的哪种职业，应使自己同业中人如兄如弟，相亲相爱，同心一德，竭力互助，如果有人自甘例外，他自己的心理状况便是不稳定的。自然，现在有许多职业要做到这步田地是非常之困难的。所以最要紧的还是要努力使人人的步调一致。因为广义说来，如果一个人的努力不是自己全人的表现，他的工作是决不能够发舒他的心理能力的，并且他对于职业的观念，不独要是个行政部，他自己能有独立的行动，而且也要是个立法部，他自己要有指导的权力。在个人的职业生活中，"人己各半"的看法，一方面可以使他认识实际的情形，一方面同样可以使人与实际情形相奋斗，奋斗的唯一办法，是实际去努力，实际努力自然要和别人去合作。

个别心理学的教学原则是不错的，但是如果没有这种实际的社会组织工作，还是没有用处。

上面所讲的个人对于职业的责任，在他的全部社会职能方面都是用得着的。一个人的职能是要积极地参加国家与人类的活动，至于家庭更不必说了。世上有个国会，它是随时都在集会的，它的议案无论哪个下级议会终得服从。它开会的地方，是学校、市场、海上、陆地，处处都可以，因为它是"人类的国会"，大家在会里互相交换的一言一视，无论是礼让或是攻击，是聪敏或是愚蠢，对于种族的事情都有它的关系。我们人人应该使得这个广博的集会更加团结起来，使它的议案更加容易被人了解，因为我们若是没有它的反映，便谁也没有真正的人生了。它的会如果开得和平顺利呢，我们的生活便有进步，健康财富便能增加，艺术教育便能发达；它的会如果开得彼此沉默，互相怀疑呢，工作便会失败，成人便会饥饿，儿童便会憔悴。如果它的内部大大地决裂了呢，我们便会成千成万地死亡。它的命令，可以叫我们生，可以叫我们死，可以叫我们生长，可以叫我们毁灭，其实都是看我们各人在人生的各方面对于别的老幼男女的态度而定的。

　　人心的关系和彼此的责任，这种事实我们是客观地考查过了，但是神经病者的内心的混乱状况又是怎样一回事呢？是不是只是因为他把兴趣的范围缩小了，太注意自身的主观的利益的缘故？人之所以成为神经病者，是因为他把自身以外的人类看得太不要紧了，以为他们的生活和目标都不及自己个人的重要，所以对于任何大我的生活都无兴趣。可是有件矛盾的事情，神经病者常有极伟大的计划，要救自己，兼救别人。他很明白自己在人类里面是孤立的，是无力的，所以创出一种幻想，幻想自己的重要，幻想慈善的行动，好去抵补他的孤立的无力的真实感觉。他也许想要改革教育，要废止战争，要建设大同世界，要创造新的文化，甚至于怀着这种种目的去加入团体，组织团体。他的目的自然是失败的，因为他和别人，和整个的生活没有实际的接触。他的观点好像完全是站在生活外面的，想用一种莫名其妙的魔术去指导生活。

现代城市生活的主知主义，特别使神经病者有无限的范围可以用想象中的弥赛亚主义（messianism）去抵补自己实际上的社交缺乏，结果使得一个民族充满了互无丝毫关系的救主,终至解体而后已。

自然,实际上需要的完全不是这么一回事。我们并不要人放弃弥赛亚主义,因为事实上种族的前途本是个人的一分责任。要紧的是,他应该从自己的立场采用一种正确的见解,对于自己拯救社会的力量,见解要合理!他应该知道他与别人的目前关系和他的职业,"都是"有世界的意义的,因为事实上它们的确有世界的意义,而个人的有世界意义的事情也只有这两宗。如果自己和别人的关系,自己的职业,有了乱子,出了毛病,那就只怪得我们在日常的经验里面没有把它们看成有世界意义的东西。自然,我们有时候把它们看得很重要,但是普通的看法只是以自身为出发点的。

现代的人有种倾向,想在实际方面和理想方面把自己的兴趣范围缩小,这种倾向,最难制服,因为他的统觉组织是帮助这种心理的。所以,除了很少的情形以外,一个人不能单独制服这种心理。他应该和别人的心理生一种来往,一种新的来往。一个人如果决心把自己目前的环境和日常的活动看作在生活上有极大意义的东西，他便会立刻受着自己内心的反对，并且也常常会遇着外界的困难，可是他自己并不懂得。别人如果不是在做同样的实验，也看不出来。所以，在实地运用个别心理学的时候，学者应该彼此检查，彼此以整个的人格相待。一切神经疾病的根源，本是不正当的个人主义，这种办法就恰恰搔着了个人主义的痒处，不过才做的时候自然是很难的。但是如果做得成功，心理分析将来便可以在诊断所和问病室以外，影响到我们的整个人生。

在维也纳，这种人的工作已经在教育方面产生了影响。他们使教员和医生合作，因此，有些学校的工作，起了一番改革，教员与学生之间，学生与学生之间，都是平等的，有许多有犯罪倾向的儿童、愚蠢的儿童、懒惰的儿童都因此诊好了。废除竞争，培养勇气，不独可以发舒学生的精力，而且可以发舒教员的精力。这种种改革，已经影响到了环绕学校的家庭生活；讲到儿童的心理，家庭是立刻要顾到的。这种人的活动所要涉及的生活范围虽然教育首当其冲，但是教育并不是他们所要涉及的唯一方面。商业界，政治界，最感觉得现代生路的无出路，他们不知道怎样去认识人性，便应该知道一点人类的天性，得点生气。

亚勒佛勒·安德娄为要使我们的日常生活发舒一点新的力量，为要改良我们的日常生活，所以组织了一个"万国个别心理学会"（International Society of Individual Psychology）。

他已经在宣传，主张训练人类的行为，大家也许很可以误会那种训练和陈腐的伦理学差不多，但是，它有两点不同的地方——它的实际结果和它所根据的科学方法。安德娄实际握住了个人问题的社会性质，真实地表明了健康与和谐行为的关系，他最像中国的大思想家。假如西方还能利用他的贡献，他很可以成为西方的孔子呢。

——菲利浦·马莱（Phillipe Mairet）

第一章　生活的科学

大哲学家威廉·詹姆士（William James）① 说过，只有直接和人生发生关系的科学才是真科学。我们也可以说，在一种和人生直接发生关系的科学里面，学理与实用差不多是分不开的。

人生的科学因为直接根据人生的动作，所以就成了一种生活的科学。个别心理学尤其是如此。个别心理学把人生看作一个整体，把每件反应、每件动作、每件冲动都看作个人对于人生态度的互相关切的部分。这种科学自然是偏重实用的，因为我们有了知识的辅助，就可以改变并且矫正我们的态度。所以个别心理学有两方面的"预料"，它不独预料什么事情将要发生，而且像预言家约纳（Jonah）一样，预料什么事情"将要"发生，以便使得那件事

---

① 威廉·詹姆士（William James），今译"威廉·詹姆斯"。——编者注

情"不至"发生。

个别心理学的发生,是因为我们想要了解人生的神秘创造力——这种创造力的表示是发展、努力和成事的欲望——并且因为我们在一方面有了缺憾便想用他方面的成就去抵补的缘故。这种创造力是"有目的的",它的表示是向着一个目标去努力,努力的时候,一切身体的和心理的动作都是合作的。所以,抽象地研究身体动作和心理状况而不顾及整个的个人,那是不对的。比如我们研究犯人心理学,极力注意所犯的罪而不十分注意犯罪的人,便是不对。有关系的是犯罪的人,不是所犯的罪;无论我们怎样重视所犯的罪,若是我们不把它当作犯人生活的一部分看待,我们决不能够了解所犯的罪。同一个外表的行为有时候是有罪的,有时候便没有罪。

最重要的是懂得使那个人的一切行为动作倾向某个方向的人生目标。我们懂得这个目标,就可以懂得他的一切个别的行为的潜伏意义——我们把那些行为看作全体的各部分。反之,我们如果把各部分当作全体的部分去研究,我们对于全体便可得到一个更好的了解。

作者个人对于心理学的兴趣，是从行医发生出来的。因为行医，就有了一种目的论的见解，目的论的见解是了解心理事实所不可缺少的。在医学上，我们的一切器官的活动都有一定的目的。它们到了成熟的时候，都有一定的形式。并且一旦器官有了缺点，"自然"总是特别想法克服那种缺点，否则便发展另一器官，去代替有缺点的器官的职务。生命总是想继续的，若是遇了外来的阻碍，生命力是决不会不抵抗而屈服的。

心理动作和机体动作相类似。每个人心里都有一个目标或者理想，想要超越现在的境况，想对将来定下一个具体的目的，去克服现在的缺憾和困难。一个人对于将来有了一个具体的目的，他便觉得自己胜过了现在的困难，因为他心里存了一个将来成功的念头。一个人的活动，如果没有目标，便没有什么意义了。

从一切证据看来，都证明这种目标的固定——它的具体形式的取得——是在儿童时代。从儿童时代起，就有一种原型，或者成人的模型在开始发展。那种经过的情形，我们是可以想象得到的。一个儿童，因为自己弱小，所以觉得赶不上别人，对于他的环境忍受不了。因此，他便努力去发展，遵着他所选定的目标的方向去发展。在这个时期里面，他所用去发展的材料没有他所用去决定发展方向的目标那样重要。至于这种目标是怎样决定的，自很难说，但是儿童之有这么一个目标，这个目标之支配儿童的一切行动，却是很明显的。在这种很早的时候，他的力量、冲动、理知、能力和缺陷，我们所知道的的确很少。并且我们也还没有知道的方法，因为儿童的发展方向要到儿童固定他的目标以后才能具体决定。我们必得知道了一个人的努力方向，我们才能猜测他的未来行动。

当原型——具有目标的早年人格——形成了的时候，一个人的发展方向便固定了，他便有了一个具体的方向。因此我们就可以预测他的未来。从此以后，他的统觉便遵照他的方向陷入了一个一定的轨道。儿童所感觉的情境，并不是情境的实际情形，他是根据自己的统觉组织去感觉的,那就是说,他对于情境的感觉是受着自利的成见的蒙蔽的。

关于这个问题,有件有趣的事实,就是儿童有了机体的缺点,他们便把所有的经验和有缺点的器官接连起来。比如一个胃部有毛病的儿童对于饮食便异常有兴趣,而一个视觉有缺点的儿童对于视而可见的东西便特别关心。这种情形和他们各自的统觉组织是正相符合的,而统觉组织则是人人都有的。所以假如我们要想确定一个儿童的兴趣之所在,简直只要看他哪个器官有毛病就够了。但是事情没有这么简单。儿童对于器官缺憾的经验不像旁观者所观察的一样,而是经过他自己的统觉组织修改过的。所以把器官缺憾算作儿童的统觉组织的因素的时候,从外表去观察器官的缺憾不一定就能明白他的统觉组织。

儿童的统觉组织是相对的,这一点他和我们是一样的,我们谁也不知道绝对的真理。就是我们的科学也不知道绝对的真理。科学的根据是常识,那就是说,科学是时时在改变的,它只要渐渐地用较小的错误代替较大的错误就够了。我们谁都有错误,最重要的是我们能够改正错误。改正错误，在原型形成的时候比较容易。如果我们在原型形成的时候没有改正，后来也可以回忆当时的全盘情境，再去改正。假如我们要诊治一个神经病者，我们所要发现的不是他后来的日常错误，而是他在形成原型时候的基本错误。假如我们发现了他的基本错误，我们便可以用适当的方法去改正那些错误了。

在个别心理学看来，遗传问题是不大重要的。重要的不是一个人的遗传，而是一个人在小时候用遗传的所作所为，换句话说，是他在儿时的环境中所形成的原型。遗传得来的机体缺陷，自然是因为遗传的缘故，但是我们只要解除那种特殊的困难，把儿童放到一个顺利的环境里面就够了。事实上这样一来，反而有很大的益处，因为我们知道了缺陷的所在，我们就知道怎样办了。常常有些健康的儿童，没有一点遗传的缺陷，因为营养不良，或是抚育的时候有了什么错误，处境反而更坏。

生下来器官就有缺点的儿童，最重要的是他们的心境。这种儿童因为处境较苦，他们就特别觉得自卑。在原型形成的时候，他们已经多顾自己少顾别人了，后来也仍旧是一样的。机体缺陷并不是原型出毛病的唯一原因，别种情境也可以产生同样的毛病的，如被溺爱的和被憎恶的儿童就是一例。关于这种情形，我们在后面还要详细叙述；至于三大不良情境，即机体有缺陷的儿童、被溺爱的儿童和被憎恶的儿童，后面也要举出实例。现在我们所注意的，只是这种儿童的生长受了阻碍，他们因为生在一个从来没有告诉他们怎样自立的环境里面，时时怕受外来的侵袭。

* * *

我们对于社会兴趣，自始就应该有个了解，因为社会兴趣是我们的教育和我们的医治方法的最重要的部分。只有有勇气的、有自信力的、处世泰然的人才能从人生的困难中得到好处，同时从人生的顺境中也能得到好处。他们绝不恐惧。他们知道有困难，但是他们也知道自己能够克服那些困难。他们对于一切人生问题都有准备，人生问题总归就是社会问题。从人类的立场看来，对于社会行为的准备是不可少的。我们上面所讲的三种儿童，他们的原型中的社会兴趣就少了。他们的心理态度，不能帮助人生必需事业的完成，也不能帮助人生困难问题的解决。他们的原型觉得自己失败了，于是对于人生问题采取一种错误的态度，把自己的人格沿着无益的人生方面去发展。我们医治这种病人，在使他的行为沿着有益的方面去发展，使他对于人生与社会采取一种有益的态度。

缺乏社会兴趣就等于过着无益的生活。缺乏社会兴趣的人是问题儿童、罪人、癫狂的人和酒徒。我们诊治这种人的时候，就得想法子使他们恢复有益的生活，使他们对于别人发生兴趣。从这点看起来，我们之所谓个别心理学实实在在就是一种社会心理学。

除了社会兴趣以外，我们的第二步工作就在找出个人在发展的时候所遭遇的困难。这步工作，初看起来似乎比较复杂，实际是并不很复杂的。我们知道，凡是被人溺爱的儿童都要变成被人憎恶的儿童。在我们的文化之下，无论社会家庭，都不愿意永远地溺爱人家。一个被人溺爱的儿童，不久就会遭遇人生的问题。他进学校，就遇着一个新的社会组织，具有一个新的社会问题。他不愿意和同学一起写字，一起游戏，因为他的经验没有准备他去过学校的社会生活。实在说起来，他在原型时代的经验是使他怕这种情境的，使他寻求更多的溺爱。这种人的特性，不是从遗传得来的，和遗传风马牛不相及，因为他的特性可以从他的原型的性质和他的目标推引出来。他因为有了某些特性，使他向着目标所在的方向去动作，自然不能再有向着另一方向的特性了。

生活的科学第二步所研究的是情感。一个人的目标所规定的轴线，不独影响他的特性、身体动作、言语和一般外表的征象，而且也支配他的情感生活。一般人常用情感去辩护自己的态度，就是一件值得注意的事情。比如一个人想做好事，他的做好事的观念便很夸大，便支配了他的全部情绪生活。我们可以断定地说，一个人的情感总是和他对于自己的工作的见解相符合的；情感增强他对于他的活动的倾向。我们做事的时候，只要是想做的，就是没有情感，我们也会去做，情感只是我们的行动的附属品。

这件事实，我们可以从梦里面看得很清楚；梦的目标的发现，也许是个别心理学最近的成绩之一。虽然在现在以前，大家从不知道做梦是有目的的，但是无论什么梦自然都有一个目的。梦的目的——广义的，不是狭义的——在创出一种情感的或情绪的动作，这种情绪的动作又转而催进梦的动作。自来大家相信梦是一种骗局，这就是一个有趣的注释。我们在梦里的行为，就是我们所想做的行为。做梦是一种情绪的演习，演习我们醒时的计划和态度，但是实际的行为是决不会从那里出现的。从这种意义上说来，做梦确是一种骗局，因为梦里的情绪的想象给予我们的只是一种行为的锐敏感觉，而实际并没有行为。

梦的这种特性，在我们醒时的生活中也是有的。我们常常极想在情绪上欺骗我们自己——我们总想使自己遵照我们在四五岁时所形成的原型去行动。

原型的分析，是我们这门科学的第二步工作。我们说过，人在四五岁的时候已经有了原型，所以我们就要在四五岁或四五岁以前找出他们所受的印象来。这种印象的种类很多，比我们用一般成人的眼光所想象的多得多。儿童心里所受的一种最普遍的影响，是父母的过分责罚，因而令他生出一种被压迫的感觉。这种影响使得儿童努力求解脱，有时候使儿童在心理上摒斥外缘。比如我们知道有些女孩子，因为父亲脾气大，她们的原型便是摒斥男人的，认为男人的脾气都是大的。有些男孩子，因为母亲严厉，便摒斥女人。这种摒斥外缘的态度，其表现的方法自然可以不同，他也许变得很害羞，也许性欲变态（性欲变态只是摒斥女人的另一方法而已）。

这种变态的性欲，并不是遗传的，是从这几年的儿时环境生出来的。

儿童在小时候所养成的错误的害处很大。但是事实虽然如此，儿童所得到的指导仍是很少。做父母的人或者不懂得，或者不愿意把自己的经验告诉子女，做子女的也就只好自己去碰。

最奇怪的是：没有两个儿童是在同一环境里面长大的，就是一个家庭里面的两个儿童，其生长的环境也不一样。一个家庭里面，环绕每个儿童的空气都是各不相同的。比如第一个儿童和其余的儿童的环境便大有分别。第一个儿童最初因为是独子，所以是全家注意的中心。等到生了第二个儿童，第一个的地位便失去了，他对于情境的改变是不愿意的。事实上，他曾经当权，一旦把权失了，在他的生命史中本是一件可悲的事。他因为感到这件事情的可悲，他的原型的形成就受了影响，到了成年的时候，在他的特性里面还是要表现出来的。事实上，从病史看起来，这种儿童总是受着失败的痛苦的。

此外家庭里面的环境还有一种分别，就是对于男女儿童的歧视。普通是把男孩子看得太重，把女孩子看得没有什么作为一样。这种女孩子长大了，总是犹豫狐疑的。她们一生一世，狐疑太过，总以为只有男子才有作为。

第二个儿童的地位也是特殊的。他的地位和第一个儿童完全不同，因为他的前面总有一个带头的，和他同时并进。普通第二个儿童总是胜过了第一个，原因只是因为第一个儿童看见有人和他竞争，心里慌张，结果便影响到了他在家庭的地位。第一个儿童被第二个儿童的竞争吓住了，做事也没有那样好了。父母越来越看他不起，他们爱上了第二个儿童。而在第二个儿童呢，前面总有一个领头的，他也就总在和人家竞争。他的一切都反映着他在家庭里面的特殊地位。他富于反抗心，不承认权力或权威。

历史和故事告诉过我们许多有权力的晚子的事情。约瑟（Joseph）就是一个例子，他要征服全家的人。至于在他离家多年以后，他又有了一个弟弟，在他并不知道，自然便没改变他的环境。他的地位还是一家的晚子。我们知道，一切神话里面也有同样的描写，晚子总是主要的角色。我们可以知道，这种特性实际上是在童年的早期就发生了的，非等他的见解增进了以后，不能够改变。你若是要改正一个儿童，你便应该使他明白他在儿童时代遭遇过什么事情。你应该使他明白，他的原型在他的一切生活情境中发生了不良的结果。

* * *

研究往事的回忆是一个有价值的工具，可以了解个人的原型，因而了解个人的天性。我们从一切的知识和一切的观察看起来，都不能不断定回忆是属于原型的。举个例，就可以明白。比如有个第一类的儿童，即机体有缺陷的儿童，假定他胃弱吧。假如他记起看见过什么东西，或者听见过什么东西，他所看见的所听见的东西说不定便和食物有关系。或者以一个便于使用左手的儿童为例吧：他因为是左偏，见解也就跟着不同。一个人或者会告诉你，说他的母亲溺爱他，或者生了一个弟妹。假如他的父亲脾气大，他也许会告诉你，说他挨了打，假如他从前在学校是个被人憎恶的儿童，他也许会告诉你，说他受了人家的攻击。假如我们能够懂得这种种现象的意义，它们都是极有价值的。

要能了解往事的回忆，必得有种很大的同情心，把自己放到儿童的儿时环境里面，替儿童设身处地想一下。我们要有这种同情心，才能懂得一个儿童有了弟妹的时候的生活上的密切意义，才能懂得一个脾气大的父亲所给予儿童的心理上的印象。

我们可以说，责罚、惩戒、教诲，都是没有用的，这并不是过甚其词。如果儿童和成人都不知道从哪里去着手改变，什么也改变不了。如果儿童不知道的时候，他便变得更油滑，更懦弱。他的原型是不能够用责罚和教诲的方法去改变的。原型不能仅仅用生活的经验去改变，因为生活的经验已经是遵照他一己的统觉组织的。我们唯有从根本的人格着手，我们才能把他改变。

假如我们看见一个家庭，儿童的发展很不好，那么，那些儿童看起来虽则都还聪明（假如你问他们一个问题，他们能够答出正确的答案），但是我们一看他们的征象和表示，就知道他们有种厉害的自卑心理。聪明不一定就是常识。那些儿童的心理态度，和神经病者一样，完全是己见的，我们又可以叫它作私见的。比如强迫神经病者，自己知道常常数窗子没有什么用处，但是不能不数。一个注意有益的事情的人就决不会有这种行为。私见和自言自语也是癫狂病者的特性。癫狂的人，说话不合常识，合乎常识的言语所代表的就是社会兴趣的极致。

假如我们比较常识的判断和私见的判断，我们就可以知道，常识的判断差不多总是对的。我们用常识就可以分别好坏；我们在复杂的情境中常有错误，有了错误，常识也可以使它们自己去改正。但是只知注重私利的人，对于是非的分别便没有别人那样快。事实上他们泄漏了自己的没有能力，因为他们的动作在别人看起来是一目了然的。

即以犯罪为例。假如我们考察犯人的智力、了解力和动机，我们就可以知道，犯人总把自己所犯的罪看成又聪明，又英雄。他相信自己达到了自高的目标，这就是说，他比警察还聪明，能够制服别人。这样一来，他便自命为是个英雄，却不知道他的行为所表现的并不英雄，和英雄差得远。他因缺乏社会兴趣，过的是无益的生活，同时没有勇气，使他懦弱，但是他并不知道。大凡过着无益生活的人，常是怕黑暗怕孤单的；他们要和别人在一起。

这就是懦弱，也应该叫作懦弱。的确，阻止犯罪的最好的方法，在使人人知道犯罪是一种懦弱的表现。

大家知道，有些犯人到了三十岁的时候，改而就业，结婚，后来变成一个好公民。这是什么道理呢？比如一个盗贼吧。一个三十岁的盗贼哪能争得过一个二十岁的盗贼？年轻的盗贼聪敏些，又有力气；而且人到了三十岁，生活和以前不同了。结果，犯罪不能满足犯人的需要了，他也就觉得顶好不再犯罪了。

关于犯人，还有一件事情应该记着的，就是假如我们增加对于犯人的处罚，结果不但不能恐吓犯人，反而使他更加相信自己是个英雄。我们不可忘记犯人所处的世界是以自我为中心的，他们绝不知道何谓真的勇气、自信、社会意识或共同价值的了解。这种人是不能够加入社会的。

神经病者很少有发起一个俱乐部的，至于患着畏旷场病的人或者癫狂的人更是绝做不到。问题儿童和自杀的人决没有朋友，——这件事实从来没有人说出理由来。其实是有理由的，他们之所以没有朋友，是因为他们的早年生活所择取的是一个以自我为中心的方向。他们的原型是向着错误的目标的，是跟着无益的生活方向走的。

* * *

现在让我们看看个别心理学对于神经病者——有神经病的儿童、犯人、酒徒和那些借酒避世的人——的教育和训练所贡献的计划吧。

我们为要较容易地较迅速地懂得毛病之所在，我们开始便问毛病是什么时候起的。通常总是把毛病归咎于某种新的环境。但是这是不对的，因为在毛病实现以前，病人——我们一考查便知道——对于那种环境没有良好的准备。他处顺境的时候，原型里面的毛病没有显露出来，因为每个新的环境都像一种考验，病人对它的反应是根据原型所生的统觉组织的。他的反应不仅仅是反应而已，而且是有创造力的，是和支配他的一生的目标相符合的。我们在研究个别心理学的时候，经验早就告诉我们，遗传没什么关系，孤立的部分也没什么关系。我们知道，原型对于经验的答复是根据它自己的统觉组织的。我们要得结果，便须从这种统觉组织入手。

以上所说，把近二十五年来所发展的个别心理学作了一个综括的说明。我们知道，个别心理学在一个新的方向走了不少的路。现存的心理学和精神病学的派别很多。这个心理学家这样主张，那个心理学家那样主张，谁也不相信别人是对的。也许读者也不应该专凭信仰，应该自己去比较。读者可以知道，我们不能同意所谓"冲动"心理学［麦独孤（McDougall）是这派在美国的最好代表］，因为他们之所谓"冲动"，把遗传趋势看得太重要了。同样，我们也不能赞同行为主义派的"制约"和"反应"。假如我们不懂得"冲动"和"反应"的目标，从"冲动"与"反应"去制定一个人的命运与性格是没有用处的。这些心理学家谁也不从个人的目标去着想。

讲到"目标"一词，读者所得的印象恐怕是模糊不清的，这个观念应该讲得具体一点才行。分析到最后，要有目标就等于要像上帝。但是要像上帝自然是个终极的目标，我们可以说它是个目标中的目标。教育家应该小心，不要把自己和儿童教得像上帝。事实上我们知道，儿童在发展的时候，是用的一个比较具体的、切近的目标。儿童在环境里面找出最强的人，做他们的模范或是目标。他们的目标也许是父亲，也许是母亲，因为我们知道，假如母亲像是最强的人，就是男孩子也可以受她的影响，去模仿她的。后来他们便想当个马车夫，因为他们相信马车夫是世界上最强的人。

儿童们怀了这种目标的时候，他们的行为、感觉和衣服便俨然像个马车夫一样，一切性质都是合于这个目标的。但是警察把手一举，马车夫便没有一点办法了。于是他们后来或者把医生做目标，或者把教员做目标。因为教员能够处罚儿童，所以引起他们的尊敬，认为他是一个有力量的人。

儿童选择目标的时候，有种具体的象征，他所选定的目标实际上就是他的社会兴趣的指数。有一个男孩子，问他将来想做什么？他说："我想做一个绞刑吏。"这就是没有社会兴趣的表示。他想做生与死的主宰，……这是上帝的事情。他希望自己比整个社会都强，所以便走向无益的生活方面去了。以医生做目标也是一种想学上帝的欲望，想做生与死的主宰，但是实现的方法是替社会服务。

第二章　自卑情结

用"意识"和"无意识"两个名词去表示两种不同的因素,在个别心理学看来是不对的。意识和无意识所走的方向全是一样的,它们与一般人所相信的不同,不是两个相反的东西。并且意识与无意识之间,根本就没有一种固定的界限。我们的问题,只在发现意识与无意识的联合动作的目标。我们除非知道了它们的整个关系,否则是没有办法去决定哪是意识哪是无意识的。这种关系,在上章所已分析过的生活原型中,便可以看得出来。

我们从个人的病史便可以看出意识生活与无意识生活的关系之密切。有一个结了婚的男子,四十岁了,患着一种忧虑——希望坠窗而死。他时时努力去反抗这种希望;除此而外,人也是好好的。他有朋友,有好地位,和他太太的生活也很快乐。他的毛病除了从意识与无意识的合作方面去着手以外,是无法解释的。他在意识的时候，觉得自己应该跳窗而死。可是事实上，他却一直活下去，根本就没有去跳过。这就是因为他的生活还有一个方面，不要他去自杀，那个方面的力量很大。他的无意识生活和意识生活一合作，他便得到胜利了。在他的"生活方式"——这个名词以后再去详细讨论——中，他简直成了个胜利者，达到了自高的目的。读者也许要问，一个意识地想要自杀的人，怎样能够觉得自己是优胜了呢？这是因为他在和自杀的倾向自相交战，交战胜了，所以他便成了胜利者，优秀者。从客观方面说来，他本是因为自己有了弱点，才去争胜的；凡是有弱点的人，无论弱点何在，本都如此。但是我们所可注意的是他的自相交战的结果，争胜争存的努力胜过了自卑求死的愿望。至于自卑求死的愿望存在他的意识生活中间，而争胜争存的努力存在他的无意识生活中间，那是并无关系的。

我们现在可以看看这个人的原型是不是与我们的理论相合。我们可以把他对于儿时的记忆分析分析。我们知道他小时候在学校里便出过毛病的。他不喜欢别的儿童,总想避开他们。但是事实上他还能够聚精会神,支持不动,去应付他们。换句话说,在他的儿童时代,他便有了一种努力,想去克制自己的弱点。他对付了他所遭遇的问题,他得到了胜利。

假如我们把这个病人的性质分析一下,我们就可以晓得,他的生活中的一个目标是要克服恐怖和忧虑。在这个目标之下,他的意识中的观念和无意识中的观念是合作的,二者形成了一个整体。一个人如果不把"人"看作一个整体,他是不会相信这个病人是优胜,成功了的。他会以为那个病人只是一个富于野心的人,心里想挣扎奋斗,实际毫无勇气。这种见解是不对的,因为它没有考虑一切事实,没有把人生看成一个整体去解释一切事实。假如我们不能相信人生是个整体,那么,我们的全部心理学,我们想要了解个人的全部努力,便会毫无结果,毫无用处。假如我们先有一种成见,以为人生有两方面,那两方面彼此没有关系,我们便没有办法把人生看作一个完全的实体。

我们除了把个人的生活看作一个整体以外，同时对于个人的生活与社会的关系也要注意。譬如儿童才生下来的时候是很柔弱的，必得有人去照顾。假如我们不去参考那些照顾他的、免他懦弱的人，我们对于他的生活方式或者生活模型便会无法知道。儿童和他的母亲，他的家庭，有种连锁的关系，我们若是仅仅对于儿童的空间上的身体方面，加以表面的分析，我们是无法晓得那种关系的。儿童的个性和身体方面的个性是交互错杂的，里面包含得有全部的社会关系。

可以应用于儿童的说法，在某种限度以内，也可以应用于成人。儿童因为自己柔弱，所以要有家庭；成人因为自己柔弱，所以要有社会。无论什么人，在某些情境之下，都是自觉应付不了的。

他们觉得事情太困难了，单人独马是没有办法的。所以人类有一个最强烈的倾向，要组织团体，做社会的一员，不愿孤立。社会生活当然可以给他极大的帮助，帮他克服那种能力不足和自卑的感觉。我们知道：动物就是这样的，比较弱的动物总是群聚而居，以便用团体的力量去应付个体的需要。譬如群居的水牛便可以抵抗豺狼的侵袭。一只一只的水牛是抵不住豺狼的，可是一旦它们集聚拢来，把脑袋聚在一起，用脚去挣扎，便可以脱险了。反之，大猩猩、狮子、老虎之类，因为"自然"把自卫的工具给了它们，所以能够离群独居。至于人类，既无它们的力气，又无它们的爪牙，便不能人自为生了。由此看来，可见社会生活的起源是由于个人的能力不足。

因为事实如此，我们对于社会里面全体的个人的能力禀赋，便不能希望其一律平等。不过一个社会，只要适应得好，里面各个分子在能力方面是可以得到社会的帮助的。这一点最重要，否则我们难免不完全根据遗传的能力，去做个人评价的标准，究其实际，一个人在过着孤独生活的时候，尽管禀赋上有些缺憾，但是到组织得很好的社会里面，那种缺憾是可以抵消的。

即使我们假定：我们个人的缺憾都是遗传下来的；那么，心理学的目的就在训练人们，使他们和别人合得来，去减少他们的天赋缺点的不良影响。社会进步史告诉我们，人类合作的原因，就在克服这种缺憾。言语是一种社会的发明，那是人人知道的；但是言语之所以发明是由于个人的能力不足，知道的人却很少很少了。这个道理，一看儿童的初期行为，就可以明白。儿童有了欲望不能满足的时候，他们便要想法子使人家注意；他们引人注意的办法，便是应用某种言语。

假若一个儿童不必想办法引起别人的注意，那么，他根本就用不着说话了。儿童才生下来的头几个月，就是这样：他无论想要什么东西，口里还没有说出来，做母亲的早已给他预备好了。从记录上看来，有些儿童到了六岁的时候，还没有说过一句话，因为他们根本没有说话的必要。此外，还有一个儿童，父母都是又聋又哑；他的情形，也可以证实这种道理。他每逢跌在地上，受了伤，他便大哭，但是哭的时候并没有声音。他知道他的父母听不见，哭是没有益处的。他想要使他的父母注意，所以作出哭脸的样子，但是哭得没有声音。

由此我们可以知道，我们对于我们所研究的事实的全部社会关系是应该时时刻刻加以注意的。我们要想明白一个人的特有的"自高目标"，必须注意他的社会环境。我们要想明白某件适应不良的事情，也须注意社会的情境。比如有许多人之所以不善适应，便是因为他们不能用言语的方法和别人作正常的接触。口吃的人便是一个例子。假如我们把口吃的人检查一下，就可以发现他自有生以来，对于社会便没有适应得好的。他不愿意加入一切的活动，他也不要朋友，不要同志。他的言语是要和别人厮混方能发展的，可是他不愿意去和人家厮混。所以他便一直口吃下去。实在说起来，口吃的人有两种倾向，一方面想和别人厮混，一方面又不愿和别人往来。

至于不是过着社会生活的成人，他们在公众面前便不能说话，一登讲台，便害怕得很。因为他们把听众看成了敌人。他们以为听众对他敌视，势子也很不弱，心里就生出一种自卑的感觉。事实上，一个人要能相信自己，相信听众，话才可以说得好，登台才不至于害怕。

由此可见自卑心理和社会训练问题是息息相关的。自卑心理起源于对社会的不良适应，而克制自卑心理的基本方法也只有社会训练的一条路。

社会训练与常识有直接的关系。我们口里一说常识可以帮人解决困难，我们的心里就要想到社团的综合智力。反之，我们在上面一章里面已经说过，如果有人自言自语，自作聪明，那便是一种变态的表示。害癫狂病者、害神经病者和犯罪的人都属于这一类。他们对于某些事情全不发生兴趣。人民、制度、社会常模等等，他们都不在意。可是拯救他们的办法，又必须从这些事情着手。

我们对付这种人的时候，应该使他们注意社会的事实。神经过敏的人，只要自己对人存着善意，便很心满意足，但是单有善意是不够的。我们应该告诉他们，他们实际要有作为，要有给予，对于社会才能发生影响。

自卑的心理和自高的努力是一件普遍的事实，但是不能因为这件事实便说人人都是平等的。自卑和自高是支配人类行为的两大条件；但是除了这种条件以外，还有体力的不同、健康的不同和环境的不同。因此，在同样的条件之下，各人的毛病是各不相同的。假如我们去把儿童考察一下，我们就可晓得儿童的反应，并没有一个绝对固定的正确的方法。他们的反应是各有各的方法的。他们都努力向一个较好的生活方式前进，但是各人的努力方法各不相同，各有各的错误，各有各的成功之道。

我们可以把各人的参差的地方和特异的情形分析一下。我们可以用左偏的儿童作个例子。有些儿童因为右手训练得极好，绝不知道自己是左偏的。他们的右手最初很不灵便，于是别人便责骂他，批评他，嘲笑他。其实嘲笑是不对的，要把左右两手同加训练才是道理。左偏的儿童，在摇篮里的时候便可以看出来的，因为他的左手比右手动得厉害。后来年纪大些，他也许因为右手不甚灵便，引为憾事。但是通常他却对于右手右臂反而特别发生兴趣，这种兴趣，譬如在画画方面、写字方面便可以看得出来。所以，这种儿童后来比平常的儿童训练得好些，实际上是不足为怪的。因为他不能不特别留心，也许早晨就比人家起得早，这样一来，他便因了缺点，结果反而受到更严密的训练。这在艺术天才的发展上，常常是有极大的利益的。这种处境的儿童通常都是有野心的，总在努力克服他的缺点。不过有时候奋斗太厉害了，他便不免忌嫉别人，生出一种更大的自卑心理，比一般的自卑心理还要难于克制。一个儿童若是时时刻刻在奋斗中过活，他也不免变成一个好勇斗狠的人，常常存着一种心思，觉得自己不该那样笨拙，那样不行。这样的人，所受的苦恼是比别人只有过之而无不及的。

儿童生后四五年以内，便形成了一个原型，后来他们的一切努力，一切错误，一切发展，都因原型之不同而各不相同。每个儿童都各有各的目标。这个儿童也许想当一个画家，那个儿童也许因为自己与世界合不来，便想脱离这个世界。我们也许知道他如何就能够克服他的缺点，但是他自己并不知道；至于别人没有用正当的方法把事实向他解释，那尤其是常见的事。

有许多儿童,眼睛有缺点,耳朵有缺点,肺部有缺点,或者胃脏有缺点,而他们的兴趣却恰恰向那有缺点的方面发展。有一个奇怪的例子:一个男子,每逢晚上办公回家便患着喘息的毛病,他是个四十五岁的人,结了婚,地位也好。有人问他为什么办公回家便患着这个毛病。他便解释道,"你看,我的太太是个非常唯物的人,我却是唯心的,所以我们的意见合不来。我每逢回家,便想歇歇,在家里安安静静舒服一下,但是我的太太要去凑热闹,总是诉苦,不愿停在家里。因此我便生气开始喘息"。

这个人为什么会喘息?他为什么并不呕吐?这是因为他的原型是这样的缘故。大概他在小时候因为有些毛病,所以身上必得绷扎起来,因为绷得太紧了,呼吸受了影响,很不舒服。但是他有一个女仆很喜爱他,坐在他身旁,给他安慰。她的一切兴趣都倾注在他身上,不在自己。所以她便给了他一种印象,以为自己可以永远得到别人的愉娱和安慰。后来他到了四岁的时候,那个看护他的女仆结婚去了,他一直把她送到车站,痛哭了一场。保姆走了以后，他便和他的母亲说："我的保姆走了，这世界对于我再也没有意思了。"

他到了成年，还是和儿童时代一样，想找一个理想的人，去使他愉快，去给他安慰，并且只能关心他一个人。他的毛病，并不是因为空气太少，是因为自己没有时时得到愉快和安慰。自然，要找一个人，时时刻刻来使你愉快，那是不容易的。他总想支配一切，而在某种限度之内，他的成功，倒也于他有点好处。比如他一喘息，他的太太便不再闹着要进戏园去凑热闹了。于是他便达到了他的"自高的目标"。

这个人在意识方面是没有毛病的，正常的，可是他的心里存着一个欲望，想要征服他的太太。他要把他的太太，变成他所说的唯心，不要唯物。我们对于这个人的动机真不能不怀疑他是表里不符哩！

我们常常看见一些眼睛有缺点的儿童，对于视觉方面的东西特别感觉兴趣。因而产生一种锐敏的能力。格斯塔夫·佛乃塔（Gustav Freitag）① 是我们

---

① 格斯塔夫·佛乃塔（Gustav Freitag），今译"古斯塔夫·弗赖塔格"。——编者注

所知道的，他是一个大诗人，眼睛不好，是散光，他的成就却很大。诗人和画家的眼睛常是有毛病的。惟其眼睛有了毛病，他们反而发生更大的兴趣。佛乃塔批评过他自己，他说："我因为眼睛和别人不同，所以不得不利用我的想象，训练我的想象。我自己并不知道这样一来，我便成了一个大著作家，不过无论如何，因为我的目力的缘故，我在想象中的视觉能力倒比别人在实际上的还要好。"

假如我们对于天才加番考察，我们就常常可以发现他们不是眼睛不好，便是别有缺憾。从各时代的历史看来，就是神仙都有缺憾的，或是瞎去一只眼睛，或是两只完全瞎了。有些天才，眼睛几乎瞎了，但是他们，对于线、影、颜色的分辨能力比别人还强；可见一般身心缺陷的儿童，只要他们的问题能够得到人家的正当的了解，仍是可以救济的。

有些人比较喜欢讲究饮食。他们时时讨论哪些东西可吃，哪些东西不可以吃。大凡这种人小时候在饮食方面是吃过苦的，所以他们对于饮食的兴趣也比别人特别浓厚。也许从前他们的母亲对于他们很关心，时时告诉他们，哪些东西可吃，哪些东西不可以吃。他们不能不受一种训练，去克服胃部的缺点，因而对于一日三餐的食品，感觉无上的兴趣。有时候他们因为时时记挂着饮食的事情，因而对于烹调的艺术也便很有研究，或者因此而成为饮食问题的专家。

一般人有了肠胃的毛病，便常常找些别的事情代替饮食。有时候他们找金钱去代替，于是变成守财奴，变成只想赚钱的银行家。他们总是拼命地搜括金钱，日日夜夜只想如何可以赚钱。他们决不停止赚钱的念头，——这件事实有时候使他们在类似的事业上面占着很大的便宜。而最有趣的是：我们时常听见有钱的人是害着肠胃病的。

讲到这里，我们自己要注意一般人所常常提到的身体与心理的关系。同样的缺憾是不一定发生同样的结果的。身体的缺点和不良的生活方式是不一定有因果关系的。因为身体的缺点只要营养适合，便可以诊得很好，可以去掉一部分的毛病。发生不良结果的是病者的态度，不是身体的缺陷。所以，个别心理学是不承认纯粹的身体缺陷或者纯粹身体方面的原因的，他们认为只有对于身体状况的错误态度才有关系。因此，个别心理学者便想努力使儿童在形成原型的时候，不要养成一种自卑的心理。

* * *

有时候我们看见一个人很不耐烦，因为他不能忍耐地去克服困难。大凡时时好动的人，脾气不好的人，他们一定是患着厉害的自卑心理的。一个人若是自信能够克服他所遭遇的困难，他决不会不耐烦的。反之，他对于一切应该要做的事，也不见得都能做得成功。傲慢的、鲁莽的和好勇斗狠的儿童，也是患着厉害的自卑心理的。我们应该把原因找出来，把他们的困难找出来，然后才好想救治的办法。儿童的生活方式或原型有了错误，我们不应该加以批评，不应该加以"责罚"。

这种儿童时代的特性，我们可以从一些极其奇特的地方看得出来。他们具有反常的兴趣，他们要设法胜过别人，他们想要达到自高的目标。此外还有一种人，对于自己的言行，没有自信力。他极不愿意和别人来往。他不愿意跑到一种陌生的环境里面去，只想局处于他所觉得有把握的小圈子里。无论在学校方面，在生活方面，在社会方面，在婚姻方面，他都是这样的。他时时刻刻想在他那小圈子里面，多做一番事业，好去达到自高的目标。我们知道很多很多的人都有这种特性。他们忘记了一个人要有成就就先得和各方面都有接触。无论什么事情，都得要对付的。假如有人规避某些事，规避某些人，不去应付，在他自己未尝不可以自圆其说，实际却是不够的。一个人应该时时与社会有新的接触，有新的常识。

假如一个哲学家要想完成他的著作，他便不能时常去赴宴应酬，因为他需要长久的单独生活，才能聚集他的观念，采用正当的方法。但是过后他仍是应该和社会多多接触的。这种接触，是他的发展中重要的一部分。所以我们一旦碰着了这样的人，我们便该记得，他是有两方面的需要的。我们并且还要记得，他是可以变得有用，也可以变得无用的，因此，我们对于有用的行为和无用的行为，也应该仔细找出它们的不同之点出来。

一般人总想找出一种情境，在那情境之下，自己可以胜过别人；这就是解释整个社会历程的秘诀。所以患着厉害的自卑心理的儿童，便不愿和那些比自己强的儿童来往，而愿和那些比自己弱的儿童去玩耍，因为比自己弱的儿童可以受他们自己的支配。这是自卑心理的一种变态的病态的表现，因为我们要知道，自卑心理并没有什么关系，有关系的是自卑心理的程度和性质。

变态的自卑心理叫作"自卑情结"。但是自卑的心理是浸入了整个人格里面的，"情结"一词并不恰当。它不独是一种情结，简直差不多是一种疾病，在各种环境之下，病状各不相同。所以，有时候一个人有职业，对于工作有自信心的时候，我们是看不出他的自卑心理的。但是他在社交方面，在异性面前，也许便没有自信心了，那时候我们才能够发现他的心理方面的实在情形。

患着自卑心理的人，一旦碰了困难的或紧张的情境，他们所出的岔子更易看得明白。也唯有在困难的或者新遇的情境之下，他的原型表现得最正确；事实上困难的情境差不多总是新遇的情境。所以我们在上章说过，社会兴趣的程度可以在新遇的社会情境里面看得出来。

假如我们把一个儿童送进学校，我们便可看出他的社会兴趣和在一般社会生活里面是一样的。我们可以视察他们，看他们是不是和同学混在一起，还是避免同学。假如我们看见过分活泼的、狡猾的、聪敏的儿童，我们便该考察他们的心理，把原因找出来。假如我们看见有些儿童，前进的时候，踟蹰不决，我们便该当心，当心他们后来在社会方面、生活方面、婚姻方面也会踟蹰不决。

我们常常遇着一种人，说："这件事情我打算这样办。""我打算就那件事。""我要和那个人打架，……但是……！"这种种的说法，都是一种强烈的自卑心理的表征，事实上假如我们能以这种眼光去看那种种说法，我们对于某些情绪，如同狐疑之类，便可以得到一种新的见解。我们知道，好疑的人总是多疑，干不出什么事来。倒是说"我不"的人，说不定反而会去干的。

一个心理学家假如肯去仔细考察，他便常常可以发现人类的许多矛盾。那些矛盾也可以看作自卑心理的一种表征。但是现在我们所应考察的，是那构成我们的问题的人的行动。他的前进的姿势和见人的态度也许很坏，我们便应考察，看他走近别人的时候，脚步身态是不是踟蹰不定。如果是踟蹰不定的，那么，他在生活中的别种情境之下，也常会踟蹰不定。有许多人走路的时候，进一步又退一步，那便是一种强烈的自卑心理的表征。

我们的全部工作，在去训练这样的人，使他们不要再存一种踟蹰不决的态度。正当的训练方法是给他们鼓励，不是挫他们的志气。我们应该使他们明白他们有能力，可以应付困难的事情，解决人生的问题。这是养成自信心的唯一方法，也就是诊治自卑心理所应取的唯一途径。

第三章　自高情结

在第二章，我们已经把自卑情结和自卑情结与一般自卑心理的关系讨论过了；那种自卑心理是我们人人都有，人人都想要克服的。我们现在要讨论一个相反的问题，这个问题就是自高情结。

我们知道，个人生活中的每个征象，都表现在一种动作、一种进展上面。所以，每个征象都可以说是有过去和未来两方面的。未来方面和我们的努力、我们的目标有密切的关系；至于过去方面所代表的，就是我们所要克服的自卑和自怯的状态。因此，我们在自卑情结里面所注意的是事情的开端，而在自高情结里面所注意的则是事情的持续、动作本身的进展。而且这两种情结生成是有关系的。假如我们看见一种自卑情结，后面多少藏着一点自高情结，那是不足为怪的。反之，假如我们考察一种自高情结，研究它的进展，我们常常多少可以发现一些隐藏着的自卑情结。

"情结"一词，用在自卑、自高后面，只是表示一种过分的自卑的心理和自高的努力，这是我们所应该记得的。如果我们有了这种眼光，我们便不至于以为自卑情结和自高情结是存在同一个人身上的两种矛盾的倾向了。因为很明显地，自高的努力和自卑的心理，和普通的情操一样，是相反相成的。假如我们不觉得自己的现状有什么缺点，我们便不会努力自高。所谓情结，既然是从自然的情操发展出来的，情结中间是不会比情操多出什么矛盾之点的。

自高的努力是永远不会停止的。实际上个人的心理、精神，也就是自高的努力所构成的。我们已经说过，生命是一种目标的达到或者形式的完成，使得这种形式能够完成的，便是自高的努力。自高的努力像一道流水，凡是它所能够发现的东西，都跟它流下去了。假如我们看看懒惰的儿童，看见他们那种毫无生气、遇事不感兴趣的样子，我们一定会说他们是不活动的。但是他们也有一种自高的欲望，并且因为有了这种欲望，他们会说："假如我不是这样懒，我早已做了总统咧。"我们可以说，他们的活动和努力是有条件的。他们自视很高，以为在有益的生活方面多多做番事业并不难，只要……！自然，这是一种欺诳，是一种幻想，但是我们都知道，人类是常常可以在幻想中求得满足的。没有勇气的人，尤其是如此。他们有了幻想，自己便非常之满足了。他们觉得自己不很厉害，所以他们常常走弯路，常常想躲避困难。从躲避困难中，从不愿奋斗中，他们便得了一种感觉：以为自己比别人强，比别人聪敏。其实并不是那么一回事。

我们知道，有些偷东西的儿童是患着自高心理的。他们自己以为愚弄了别人，别人不知道他们在偷东西。他们自以为只用了很小的劳力，可是获得了较大的财富。犯罪的人也很有这种感觉，他们以为自己是比别人优秀的英雄。

我们已经说过，从另一方面看来，自高心理是一种私见的表现。它不是常识，不是社会共识。一个杀人的凶手以为自己是个英雄，那种想法便是一种私见。他对于人生问题的解决，一味规避，可见他是个没有勇气的人。所以，犯罪是自高情结的结果，不是什么基本的原始的罪恶的表现。

我们从神经病者的身上也可以看出同样的征候。比如他们若是失眠，到了第二天便没有精神去办事。他们因为失了眠，便以为自己不能去做事了，因为失眠之后，决不能像不失眠那样做得好的。他们悲伤地说："只要我不失眠，我什么事不能做呢！"

有些抑郁的人，患着焦躁的毛病，也有这种情形。他们因为自己焦躁，对于别人便一味地压制。事实上他们之所以利用自己的焦躁去压制别人，是因为他们不能不时时同别人在一起，无论到什么地方去都得有人伴着的缘故。他们要勒令同伴的人按照他们的希望去过活。

患着忧郁病和癫狂病的人，常是全家注意的中心人物。从他们身上，我们可以看出自卑情结所发挥的能力。他们诉种种的苦，说自己觉得身体衰弱了，体重减低了；实际呢，他们的身体本是最结实的。他们支配了健康的人。这种事情并不足怪，因为在我们这种文化里面，弱小是可以成为强大的。

（事实上，假如我们问问自己，在我们的文化里面哪种人是最强有力的，合乎逻辑的答案一定说，是婴孩。婴孩支配别人，可是不被别人所支配。）

现在让我们研究研究自高情结与自卑情结的关系。我们可以举一个患着自高情结的问题儿童作例。一个粗鲁的、傲慢的、好勇斗狠的儿童，他总想装得比实际上显得伟大些。我们都知道，脾气暴躁的儿童总想突然攻击人家，使人家受他们的支配。他们为什么这样暴躁？因为他们不相信自己的能力可以达到自己的目标。他们觉得自卑。我们常常可以发现好勇斗狠的、侵略的儿童具有一种自卑情结和一种克服自卑情结的愿望。他们的行动像是用脚趾站在地上，把自己的身体抬高，好使自己显得高大一点，希望由这样简而易行的方法去达到成功、骄傲和自高的目标。

我们对于这种儿童，应该想个救济的办法。他们之所以做出那样的行为，是因为他们不懂得人生原是统一的。他们不晓得万事万物全都有个自然的秩序。我们不应该因为他们不愿知道这种道理便去责备他们，因为假如我们去问他们，他们一定还会坚持，认为自己只有比别人厉害，不会比别人不如的。所以我们应该用种友谊的态度，把我们的见解向他们解释，使他们渐渐地了解。

假如有人爱在人家的面前表现自己的本领，那完全是因为他自己觉得不如别人的缘故；因为他觉得自己没有力量，不能在有益的生活方面和别人去竞争。所以他便站到无益的方面去了。他和社会不相融洽。他对于社会不能适应，并且不知道怎样才能解决人生的社会问题。所以我们常常看见这种人在儿童时代总是和父母师长吵闹的。像这样的事情，我们必得了解他的情境，并且使情境能被儿童自己所了解。

自卑情结和自高情结的联合情形，我们在神经疾病里面也可以看得出来。患着神经疾病的人常常流露他的自高情结，但是并不知道自己有自卑情结。关于这一点，有个强迫神经病者的病史，很可以帮助我们做点解释。有一个年轻的女子，和她的姊姊很接近，而她的姊姊是很美丽，很被人尊重的。这件事实就很可注意，因为一个家庭里面有一个人的地位比别人高，别人就会要吃苦的。无论特别被人家看得起的人是谁，父亲也好，子女中之一个也好，母亲也好，结果总是一样。家庭里面别的人的处境都极苦，有时候他们简直会觉得忍受不了。

别的儿童于是都生出一种自卑情结，努力向自高情结走去。如果他们不独注意自己，同时还能注意别人，那么，他们的人生问题还可得到满意的解决。但是一旦他们的自卑情结变得很显著了的时候，他们便会觉得自己的周围充满了敌人，他们便会只去注意自己，不大注意别人，因而他们便不能具有相当分量的社会共识。他们怀着一种感觉去应付人生的社会问题，但是那种感觉对于人生的社会问题的解决，并不能给他们一点什么帮助。因此，他们为求解脱起见，便走到人生的无益方面去了。我们知道，这种解脱并不是真的解脱，不过不去解决问题，只求别人的扶助，看去好像是一种解脱罢了。他们和乞丐一样，全靠人家的帮助，可是自以为利用了自己的弱点得了舒服。

无论是成人，或者是儿童，如果自己觉得不如人家，他们对于社会便不再去注意，只顾努力自高；这种情形似乎是人类的一种天性。他们解决人生问题的时候，只求个人的胜利，一点也不注意社会的利益。一个人如果一方面努力寻求个人的胜利，同时也能顾到社会的利益，他的生活便是有益的，便能有成就。但是一旦他消失了社会兴趣，他对于人生问题的解决便不是真的有了准备。我们已经说过，问题儿童、癫狂病者、罪人、自杀的人都是属于这一类的。

我们起始所说的那个女孩子，她的环境是不如意的，她觉得没有发展的希望了。本来，假如她对于社会还能保持兴趣，对于我们所懂得的道理她也能够懂得，那么，她是可以向别方面发展的。后来她去学音乐，想当一个音乐家，但是因为时时想到她的姊姊比她更得人家的喜爱，生了自卑情结，她的心里便常常焦躁得很，弄到音乐也没有学得成功。当她到了二十岁的时候，她姊姊结了婚，于是她也想要结婚，去和她姊姊竞争。这样一来，她便沉溺愈深，离健全有益的生活愈远。她觉得自己是个坏极了的女子，具有一种魔力，可以把别人送进地狱里面。

我们知道，这种魔力就是一种自高情结；但是她却抱怨那种魔力，正同有些阔人抱怨自己运气不好，不该当阔人一样。她不独觉得自己有种神般的力量，可以把人打入地狱，而且时时觉得她能够，并且应该拯救这些人。自然，这两种想法都是很可笑的，但是她因有了这等幻想之后，便自信自己有种力量，胜过她的被人喜爱的姊姊的。她只有用这个戏法才能胜过她的姊姊。于是她便抱怨，说自己不该具有这种力量，因为她越抱怨不该有这种力量，她便越像真有这种力量了。假如她对这种力量一笑置之，那么，力量的有无便会根本不成为问题的。只有抱怨，她才觉得运气很好，觉得快乐。由此看来，我们便可知道，有时候一个自高情结可以隐藏起来，看去没有，可是事实上是存在那里，在那里抵补自卑的情结。

我们现在要讲到那个做姊姊的了。她是很得人家喜爱的，因为在某一个时候，她是个独子，大家放纵她，全家的注意也集中在她身上。三年之后，她的妹妹来了，于是她的处境也完全变了。

以前她只有一个人，她是全家注意的中心，现在她的那种地位突然丢了。因此，她变成了一个爱好争斗的儿童，但是争斗的事情是只有同伴比自己弱的时候才能实现的。好争斗的儿童并不是真的有勇气，她只拣比自己弱小的儿童欺负。假如环境很强，这种儿童不独不会好勇斗狠，反而会变得乖戾易怒，或者抑郁不乐，以致在家庭里面大家也不很看得她起。

在这种情形之下，那个做姊姊的觉得自己没有从前那样被人疼爱了，她觉得人家的态度改变了，可以证明她的想法并不错。她因为妹妹是母亲生的，认为母亲的罪过最大。所以，她向她母亲直接进攻，我们是可以懂得的。

反之，那个初生的婴孩和一切婴孩一样，须要人家的照顾、关心和抚爱，所以处境很好。她不必自己努力抬高自己的身价，不必争斗。她长得很甜美很温柔，很可爱；她成了全家注意的中心。

原来有时候服从的美德也是可以得到胜利的啊！

现在让我们考查考查，看她的甜美温柔和蔼对于人生有没有益处？我们可以假定她之所以驯顺和婉是因为放纵惯了。但是我们的文化是不利于放纵惯了的儿童的，有时候儿童的父亲明白了这种情形，要来阻止，有时候学校要来干预。这种儿童的地位是时时刻刻都危险的，所以他便具有一种自卑的心理。他们在处顺境的时候，他们的自卑心理倒还不大觉得，但是一旦处了逆境，他们不是失败而流于抑郁，便会养成一种自高的情结。

自高情结和自卑情结有一点相同的地方，就是它们对于人生总没有益处。骄慢无礼，具有自高情结的儿童，决没有过着有益生活的。这种儿童进了学校以后，处境不很顺利了。从此以后，他们在人生问题上便取一种踟蹰不决的态度，无论做什么事情都是有始无终。我们首先所说的那个做妹妹的便是这种情形。她学缝纫，学弹琴，可是学得不久，便都半途而废。同时,她对于社会也没有兴趣了,她不高兴出去,人很抑郁不乐。她觉得她的姊姊的性情比自己可爱,把自己遮住了。她的踟蹰不决的态度使得她人也弱了下去,性情也败坏了。

后来,她在职业方面也是踟蹰不决的,什么都不能善始善终。她虽然想在恋爱和结婚方面和她姊姊去竞争,可是她的态度亦复是踟蹰不决的。当她到了三十岁的时候,她找着了一个害肺病的男子。自然,我们可以立刻知道,这种选择她的父母是会反对的。在这种情形之下,她并不必自己停止她的行动,因为她的父母已经帮她停止了,她没有和那个男子结婚。过了一年,她和一个比她大得三十五岁的人结了婚。这种人是不能算作一个人了的,这种婚姻也不能算是一种婚姻,所以他们的结婚是没有用处的。有些人结婚的对象要选一个年纪大得多的,或者选一个不能成婚的,如同已婚的男子和妇人之类,那也常常是种自卑情结的表现。大凡做事不顺手的时候,里面多半是有懦弱的成分的。这个女子因为在婚姻方面不能满足她的自高心理,于是另寻出路，得了一种自高情结。

她咬定世界上最重要的事情就是义务。她一天到晚都得洗浴。假如有什么人或者什么东西碰了她一下，她便要重新洗过。这样一来，谁也不去惹她了。其实呢，她的两只手就够脏的。原因很明显：她因为洗得太勤，弄得皮肤很粗，聚了不少的尘垢。

这种情形，看去实在是个自卑情结，但是她却觉得自己是世界上唯一的干净人物，对于别人常常批评责备，因为他们没有她那种好浴的怪癖。她像一出哑剧里的角色。她总希望自己比别人高超，现在在幻想中她总算真比别人高超了。她是世界上最干净的人。我们由此可以晓得，她的自卑情结已经变成了自高情结，并且表现得非常明显。

患着妄自尊大病（megalomaniacs）的人，自以为是耶稣，是皇帝，也有这种现象。这种人的生活是无益的，他们的言行俨然是真的一样。他的生活是孤独的，假如我们追溯他的过去，我们便可知道他从前觉得自卑，因而养成了一种自高情结。

有一个十五岁的男孩子，因为患着幻觉的毛病，进了疯人院。那时候大战还没有爆发,他在幻想中认为奥国的皇帝死了。这本是与事实不符的,但是他说奥皇在他的梦中现了身,要他率领奥国的军队去抵抗敌人。可是他呢,只是一个发育不全的小伙子!大家把报纸给他看,上面或者说奥皇在皇宫里,或者说奥皇到外面驶了汽车,可是他却全不相信。他坚持奥皇已经死了,在他的梦中现了身。

那个时候,个别心理学正在研究人类的睡时姿势,认为睡时姿势可以表现出一个人的自高心理或者自卑心理。这种知识是有用处的。有些人睡在床上,身体蜷曲,像一只豪猪,把被单盖着头部。这就是一种自卑情结的表示。我们对于这种人,能够相信他有勇气吗?假如我们另外看见一个人,身体伸得很直,我们能够相信他的人生是脆弱迂回的吗?无论从事实上说,或者从譬喻方面说,他都会像睡觉的时候一样伟大的。有人说过,大凡俯身睡觉的人都刚愎自用,好勇斗狠。

这个孩子受了一番检查,想去找出他的醒时行为和睡觉姿势的关系来。他睡觉的时候,两臂交叉,放在胸前，像拿破仑一样。因为我们看过拿破仑的照片，都知道拿破仑的两臂是这样放着的。第二天大家问他："你从这个姿势想得起什么你所认识的人吗？"他答道："是的，我想起我的先生了。"这个答复初看是有一点麻烦的，后来有人说也许他的先生像拿破仑也不一定。事实上果然如此。并且，这个孩子很爱他的先生，自己想学他一样也当个教员。但是因为没有钱，不能受教育，他家里便把他送到一家餐馆去做工；一般顾客因为他身体小，都很嘲笑他。他受不了他们的嘲笑，想要逃脱这种屈辱。但是一逃便逃到无益的生活方面去了。

这个孩子所经过的情形，我们可以懂得。最初他因为身体太小，被饭馆里面的顾客嘲笑，所以患着一种自卑情结。但是他时时想努力自高。他想当个教员。因为没有当得了教员，他便绕个圈子，跑到无益的生活方面，另外找着一个自高的目标。于是他便在睡着的时候，在做梦的时候变得比人家高超了。

*　　*　　*

因此，我们知道，自高的目标，可以落在无益的生活方面，也可以落在有益的生活方面。譬如有个慈善的人，他之所以慈善，不外两个原因，也许他对社会很能适应，想要帮助别人，也许他之所以为此，只是想要骄视人家。心理学家碰过许多慈善的人，他们的目标只是想要吹牛而已。有一个男孩子，在学校里面的成绩并不顶好；事实上他的为人很坏，坏到逃学偷东西的田地，但是他常常吹牛。他之所以逃学偷东西，是因为患了自卑情结的缘故。他想在某方面弄点成绩出来，可是不想费力而又要有虚荣。于是他便去偷人家的钱，拿花草和别的礼物去送给妓女。有一天他驾着一辆汽车，驶到很远的一个市镇，在那里要了一驾车子，六匹马。他很威武地在镇上驶着车子，后来才被人家捉获。他的一切行为都在努力使自己显得比别人伟大，比自己实际上的情形伟大。

犯人的行为，也有同样的倾向，希望不费力气而能得到成功；关于这点，我们在别的地方已经讨论过了。不久以前，纽约的报纸上面说到一个强盗闯入一个教员的住宅，和教员展开谈判。他告诉那些女教员，说她们不知道普通诚实的职业是何等的麻烦。说做强盗便比做工容易得多了。这个强盗的生活是无益的。不过他因过着无益的生活，却养成了一种自高情结。他觉得自己比那些女教员强，尤其是因为他有武装而她们没有。但是他可知道他自己是个懦夫吗？我们是知道他是一个懦夫的，因为他是一个为要逃脱自卑情结而跑到无益的生活方面去了的人。可是他还以为自己是个英雄，不是个懦夫呢！

有些人一转而想自杀，想借此丢脱世间的一切困难。他们虽然实际上是些懦夫，可是表面看去，好像真是不顾生命，真比别人高超似的。我们知道，自高情结是一件事情的第二方面。它是用来抵补自卑情结的。我们应该去寻出它们的有机关系。这种关系看去好像自相矛盾，实际很合人情；这是我们已经讲过了的。一旦我们知道了这种关系，我们才能对付自卑情结和自高情结。

*　　　*　　　*

我们结束自卑情结和自高情结的一般讨论的时候，不能不把它们和常态的人们的关系略说几句。我们已经说过，自卑心理是每个人都有的。那不是一种疾病，是一种刺激，可以使人去做健全的正常的努力和发展。一旦自卑的心理把一个人吓住了，不能刺激他去做有益的活动，反而把他弄得抑郁寡欢，不能发展，那才是一种病态。自高情结就是一个人有了自卑情结的时候用来逃脱困难的一种方法。他实际上比不上别人，可是他自信比别人高超；他因为受不了卑弱状况的压迫，所以采用这种虚伪的成功来作掩饰。常态的人是没有自高情结的，甚至于自高心理都没有。他只有一种自高的努力，如同我们都有野心，想要成功一样。如果他的努力发泄在工作里面，他是不至于妄自尊大的。妄自尊大根本上是一种心理的疾病。

第四章　生活的方式

假如我们看看一株长在山谷里面的松树，我们就会注意它和山顶上的松树是长得不一样的。两株都是松树，但是它们的生活方式显然有两种。长在山顶上和长在山谷里面的松树的生活方式并不相同。松树的生活方式就是它的表现在环境里面，适应在环境里面的个性。松树的生活方式必得有一个反常的环境衬着，我们才能认识出来，因为那样我们才能知道每株松树都有一个生活模型，不仅仅是对于环境的一种机械的反应而已。

人类也是一样的。我们看见某种环境之下的生活方式，我们就应该分析它和那个环境的实在关系，因为心里是随环境的改变而改变的。一个人处在顺境的时候，他的生活方式我们是看不清楚的。但是到了新的环境里面，遇了困难，他的生活方式便很清楚明晰了。受过训练的心理学家对于个人的生活方式，哪怕就在顺境之下，说不定也可以观察出来，但是人一到了不利的困难的境地，他的生活方式就谁都可以看得出来了。

生活不比游戏，不是没有困难的。人类常在环境里面受到困难。在他受着困难的时候，我们就应该研究他，寻出他在受到困难的时候的行为有什么不同，有什么特殊的征候。我们说过，生活的方式是一个整体，因为生活方式的发生是由于个人在小时候遇了困难，在努力追求一个目标的缘故。

但是我们所最注意的，不是过去，是未来。我们为要了解一个人的未来情形，所以必须了解他的生活方式。我们即使懂得了个人的本能、刺激、冲动等等，我们对于他的未来情形还是没有方法料定的。有些心理学家的确想从某种本能、印象或伤害入手，去求结论，但是仔细考查一下，就知道本能、印象、伤害的前提便得有个一致的生活方式。所以无论什么刺激，刺激的结果只是"保全"生活方式，"固定"生活方式而已。

生活方式和上面各章所说的有什么关系呢？我

们已经知道，机体有弱点的人遇了困难，觉得不安全的时候，就患着一种自卑心理或自卑情结。但是人类对于自卑心理是不能够长久忍受的，所以自卑心理就刺激他们，使他们发为动作行为。结果他便有了一个目标。这种朝着一个目标的一致的动作，个别心理学久已把它叫作生活计划。但是因为一般学生有时候对于生活计划的说法容易发生误解，所以现在便把它叫作生活方式了。

因为一个人有一个生活方式，所以有时候只要和他谈谈话，问问他，就可以预料他的未来情形。这就好像看戏看到了第五幕一样，一切的疑团都解决了。我们之所以能用这种方法去预料未来的情形，是因为我们知道了生活的各种方面、困难和问题的缘故。所以我们对于不和别人来往的、寻求别人扶助的、溺爱惯了的、不敢应付环境的儿童，凭着我们的经验，略微知道一点事实，就可以预料他们的未来情形。一个需要别人扶助的人怎样？他遇事犹豫，见了人生问题就停下来，就躲避，不去求个解决。我们知道他会犹豫，会停下来，会躲避，因为我们已经知道同样的情形发生过千百次了。我们知道他不能单身前进，他要得人家的溺爱。他对于人生大问题想远远地站开，他的所作所为，全是无益的事情，不是有益的奋斗。他缺乏社会兴趣，结果就不免变成问题儿童、神经病者、罪人，甚至于作个最后的躲避，自杀。这种种的情形，现在所知道的比从前明白多了。

比如我们知道，寻求一个人的生活方式的时候，我们可以用常态的生活方式做测量的基础。我们把能够适应社会的人做标准，我们就能测出非常态的生活方式了。

* * *

说到这里，我们顶好说说我们决定常态生活方式的方法，和根据常态生活方式去了解一个人的错误与特点的情形。但是在没有讨论这点以前，我们应该申明一句，我们在这里是不顾及人类的类别的。我们之所以不顾及人类的类别，因为人人各有各的生活方式。一株树上的两片叶子不会绝对相同，同样,世界上也没有两个绝对相像的人。自然界是极充实的,刺激、本能、错误的可能也极多,两个人要绝对一样是没有的事。所以,假如我们说到人类的类别,也不过是一种知理上的设计,使人与人间的相同之点容易被了解而已。假使我们做一种知理上的分类,把人分成类别,再去研究每类的特点,我们便容易下判断些。但是,即使如此做法,我们也不一定次次都用同样的分类;我们只用能够引出某种相同之点的分类方法。把类别和分类看得太严重的人,一旦把某一人放到了某一类,他们就不知道那个人是还可以放到别类去的。

举个例就可以证明我们这种见解。比如我们说到有一类人对于社会不能适应的时候,我们所指的是一种过着枯燥生活、没有社会兴趣的人。这是把人分类的一个方法,也许是个最重要的方法。但是请你想想一个人,他的兴趣无论怎样少,总是注意视觉方面的东西。另外有个人,注意大半集中在语言方面的事情,他俩是绝不相同的;但是他们都是对于社会不能适应的,都是不易和同伴发生关系的一类。所以，假如我们不明白类别只是一种图方便的抽象方法，类别便会成为混淆的源泉。

现在让我们回头再讲常态的人吧，常态的人是我们测量变态的标准。他是生存在社会里面的，他的生活方式能够适应社会，无论他有没有意，社会都可以从他的工作得到益处。并且从心理学的见地看来，他的精力勇气都很充足，问题来了，困难来了，都能对付。至于精神有病态的人，这两种性质都没有：他们对于社会既不能够适应，而在心理上对于日常的生活也没有本事去应付。我们可以举一个人作例，他是个三十岁的男子，对于什么问题的解决，总是功亏一篑。他有一个朋友，但是他对于那个朋友非常怀疑，因而彼此的友谊也不好。在这种情形之下，友谊是不能够生长的，因为对方觉得彼此的关系太紧张了。他虽然和许多人有谈话的交情，但是实际并无朋友，他之所以弄到这步田地，我们立刻就可以知道。他没有充分的兴趣，对于社会也不能够适应，不能够交朋友。事实上，他并不喜欢社会，在人家面前总是不作声的。据他自己说：

他和人家在一起没有什么观念，所以也就没有什么可说的了。

这个人并且还害羞。他说话的时候，桃色的皮肤上时时泛着红潮。如果他不害羞，他的话还说得很好。实际上他所需要的是人家帮他去克服害羞的心思，不是别人的批评。自然，他害羞的时候，样子是不好看的，左右的人也就不顶喜欢他。他觉到了这点，结果便更不喜欢说话了。

我们可以说他的生活方式是这样的：假如他去接近别人，他便注意自己。

除了社会生活和与朋友合得来的能力以外，次之便是职业问题了。这个病者总怕自己在职业上失败，于是日日夜夜地用功。他工作得太过了，紧张太过了。他因为太紧张了，反而不能去解决职业问题。

假如我们把他对于人生的第一、二两大问题的态度比较一下，我们就知道他的毛病总是太紧张了。这就是他有强烈的自卑心理的表示。他把自己看得太低，以为别人和新的环境都对他有敌意。他的行动好像是置身在一个敌国里面一样。

我们现在有了充分的资料，可以描写这个人的生活方式了。我们可以知道，他是想前进的，但是同时又怕失败。他好像站在一个深渊里面，在那里挣扎，情形总是很紧张。他想法子要前进，但是只在某种条件之下才前进；他宁可停在家里，不愿和人家在一起。

这个人所遇着的第三个问题是恋爱问题，这是多数人都没有准备的。他不敢去接近异性。他觉得自己要恋爱了，要结婚了，但是因为自卑心理太强烈，不敢去做。他所要做的事，他都做不成功；他的全部行为，整个态度都可以用两个词概括起来，"是的，……但是！"他一时和这个女子恋爱，一时又和那个女子恋爱。神经病者自然常是这样的，因为在某种意义上说来，两个女子是少于一个女子的。有时候一夫多妻也是这个道理。

现在让我们看看他的生活方式的原因吧。个别心理学是要分析生活方式的原因的。这个人的生活方式是四五岁的时候养成的。在四五岁的时候，他遇过悲伤的事情，以致变成这个样子，所以我们必须找出那件悲伤的事情。我们可以知道，一定有什么事情使他对于别人失了正常的兴趣，使他觉得生活只是一道大大的难关，与其常常遇着困难，不如根本就不前进。因此，他就变得小心，犹豫，变成一个只想躲避的人。

我们应该说明一件事实，他是个长子。关于长子的地位之有重要意义，我们已经说过了。我们已经说过，长子的主要问题，是他做了几年全家注意的中心，结果他的荣华被人家夺去，家里爱上了另外一个儿童。有许多害羞的人，不敢前进的人，我们找出来的原因都是因为另有别人被爱上了。所以这个人的毛病是不难发现的。

有许多时候，我们只要问问病者，就够了。问他是长子吗？是第二个吗？是第三个吗？问过之后，我们所需要的就都有了。此外我们还可以用一种完全不同的方法：我们可以问他对于往事的回忆，这一点我们在下章要仔细讨论的。这种方法很有用处，因为往事的回忆或者最初的印象是儿童生活方式的一部分，那种生活方式，我们叫作原型。一个人如果说出了他所忆起的往事，你便得到了他的原型的真正部分。无论哪个人，回想以前，总可以记起些重要的事情；凡是记忆中的事情实际总是重要的。有些心理学派的主张刚刚相反。他们相信一个人所遗忘了的事情是最重要的事情，但是他们的主张和我们实际并没有分别。也许一个人可以把他的意识中的回忆告诉我们，但是他自己并不知道那些回忆的意义。他不知道那些回忆和他的行动的关系。所以，无论我们所注意的是意识回忆的潜在的或遗忘了的意义也好，是遗忘了的回忆也好，结果都是一样的。

往事的回忆，哪怕只有一点点都是很有用的。比如一个人告诉你，说他小时候，母亲带他和他的弟弟一同到市场去。这就够了。我们就可以发现他的生活方式了。他描写了他自己和他的弟弟。我们由此可以知道，他之有个弟弟，一定于他很有关系。再问他，你就可以知道他的情形和某个人所记起的落雨的情形一样。他母亲把他抱起，但是当她看见他的弟弟的时候，便把他放下去，抱了那个小的。由此我们便可描出他的生活方式了。他总怕别人会比自己更得人家的喜爱。他之所以在社交里面不能说话，也就是因为他时时留心，看是不是有人比他更得人家的喜爱。友谊方面也是一样的。他常常以为有人比他更得他的朋友的喜爱，结果他便永远不能有个真心的朋友。他总是多疑，找出些小事情去扰乱他与朋友的友谊。

并且我们知道，这件悲伤的故事对于他的社会兴趣的发展也是有妨碍的。他记得母亲把弟弟抱在手里，于是觉得弟弟比他多得了母亲的注意。他觉得弟弟比自己更得人家的喜爱，常常去想法子证明这种观念。他完全相信自己是对的，于是他便总是受着紧张的苦，——每逢别人比他更得人家的喜爱，他便受着大苦，想去做出一番事业。

这种多疑的人的唯一办法就是与别人完全断绝往来，根本免得和人家去竞争，并且这样一来，他就仿佛成了地球上唯一的人类。有时候这种儿童在幻想中确乎以为整个的地球都崩溃了，只剩下了他自己，从此再没有别人比他更得人家的喜爱了。我们知道他，是用尽了方法去拯救他自己。但是他没有遵照逻辑、常识和真理去做事，他所遵照的是狐疑。他生活在一个范围狭小的世界，有个避世的私见。他和别人完全没有关系，对别人没有兴趣。但是我们也不能怪他，因为他不是常态的。

我们对于这种人的办法，在把很能适应社会的人所需要的社会兴趣给他。这怎样办得到呢。这种人的大困难在于紧张太过，常常想要证实自己的成见。所以我们除非钻入他们的人格里面，消灭他们的成见，我们是没有方法改变他们的观念的。若要达到这个目的，便得用点技巧，用点策略。当顾问的人顶好和病者没有密切的关系，与病者没有利害。假如他和病者有直接的关系，他的行动便是为着自己的利益，不是为着病者的利益。病者对于这种情形会注意，因此便会怀疑。

最重要的是减少病者的自卑心理。自卑心理是不能完全消灭的，事实上我们也不想完全消灭它，因为自卑心理也可以产生有益的结果。我们应该改变他的目标。我们已经知道，他因为另有别人更得人家的喜爱，他的目标是避世的，我们便应该从这种地方去着手。我们应该告诉他，说他的确把自己看得太低了，去减少他的自卑心理。我们可以把他的动作方面的毛病告诉他，可以向他解释，说他太紧张了，好像站在一个深渊，又好像住在一个敌国，时刻有危险似的。我们可以指示他，说他因为怕别人比自己更得人家的喜爱，反而受了妨碍，不能做最好的工作，不能给人家以最好的自然的印象。

假如这种人能够在社交团体里面做个主人，使他的朋友很快乐，对于朋友很和气，对于朋友的利益也能想到，他一定有极大的长进。但是在日常的社交生活里面，他不能自寻快乐，没有观念，结果他说："愚蠢的人们，——他们不能使我快乐，他们不能使我发生兴趣。"

这种人的毛病，是这样的：他们因为具有私见，没有常识，所以不能了解环境。我们已经说过，他们好像四周常有敌人一样，过的生活像个寂寞的豺狼。人类过着这种生活原是一件可悲的变态的事情啊！

* * *

现在让我们另外看看一个特殊的例子，一个患着忧郁病的人。忧郁病是一种很普通的疾病，但是可以诊得好。这种人在很小的时候就可以分辨得出。事实上我们看过许多儿童在接近新的环境的时候就有忧郁病的征兆。我们所说的这个忧郁的人，毛病很多，每逢遇了一个新的环境，毛病便都出现了。而在旧的环境里面，他却差不多是常态的。但是他不愿意和别人接近，想要支配别人。因此，他便没有朋友，到了五十岁还没有结婚。

让我们看看他的儿童时代，好去研究他的生活方式。他从前感觉很敏，爱吵，常常过分形容自己的痛苦，弱小，借以支配他的哥哥姊姊。有一天在床上玩，他把他们一起推下去。等他伯母骂他的时候，他说："你骂了我，我的整个生命都毁了！"他说这话的时候还只有四五岁呢。

他的生活方式就是这样的，——总想支配别人，总是诉说自己的弱小，说如何如何受了罪。这种性质使他长大了变成忧郁，其实就是一种弱小的表示。每个患着忧郁病的人差不多都说"我的整个生命都毁了，什么都完了"。这种人常常是受过溺爱而现在没人溺爱了的，这就影响了他的生活方式。

*　　*　　*

人类对于环境的反应和各种动物很相像。野兔与豺狼、老虎对于同一个环境的反应不一样。人类亦复如此。有人做过一个实验，把三类男孩带到一个老虎笼里，想看他们第一次见了老虎怎么办。第一个男孩子转身说："我们回家去。"第二个男孩子说："好漂亮啊！"他想表示自己的勇敢，但是说的时候周身在发抖。第三个男孩子说："我吐它一口痰好吗？"这就是三种不同的反应，对于同一环境的三种经验方法。同时我们又知道，人类多半是有恐惧的倾向的。

这种懦弱的态度，表示在社会环境里面就是不良适应的最普通的原因。有一个人，门第很高，从来不想自己振作，只希望得到别人的扶助。他的样子很弱,自然找不到一个位置。后来家境败了下去,他的兄弟跟在他后面说:"你真蠢,位置都找不到一个。你真什么都不懂。"于是他便开始酗酒。过了几个月,他就成了一个酒徒,在救济院关了两年。救济院救了他,但是没有使他得到永久的好处,因为他被放出来的时候,对于社会还是没有准备。他虽然是一个名门的后裔,但是除当工人以外,再也找不着事做。不久他患了幻觉。他觉得有人在揶揄他,于是工也做不成了。他最初之所以不能工作,是因为他是个酒徒;现在之所以不能工作,是因为患了幻觉。由此我们可以知道,救济一个酒徒只使他不喝酒是不对的;我们应该求出他的生活方式,改正他的生活方式。

我们考查之后,知道这个人是个溺爱惯了的儿童,常常需要别人的扶助。他没有单独工作的准备,其结果我们是已经知道了。我们应该使一切儿童都能自立,因此,我们便得使他们明白自己生活方式中的错误。这样一来,这个儿童便可以做点事,便不至于愧对他的兄弟姊妹了。

第五章　往事的回忆

我们把个人的生活方式的意义分析过了之后，现在又要讨论往事的回忆了。往事的回忆，也许是了解生活方式的最重要的方法。我们回想儿时的记忆，就可以发现个人的原型，——生活方式的根源——比用别种方法容易得多。

假如我们想要发现一个儿童或成人的生活方式，我们稍微听过他的陈述以后，就应该叫他给我们一些往事的回忆，然后把他的回忆和他所说的事实比较一下。生活方式多半是没有变动的。他的人格，他的整体，总是不变的。我们已经说过，一种生活方式的养成是由于个人对于某种特殊的自高目标的努力；所以，他的一言一动一感觉都应该是他的整个"行动路线"的一个有机部分。这种"行动路线"在某些地方表现得比较清楚一些。尤其在往事的回忆中是如此。

但是我们不应该把往事的回忆和近事的回忆分别得太严格了,因为在近事的回忆中也可以看出一个人的行动路线。从最初的时候去看行动路线,自然比较容易,比较明白,因为在最初的时候我们可以看出行动路线的主旨,并且由此可以知道一个人的生活方式实际上是并不改变的。从个人在四五岁时所形成的生活方式当中,我们可以知道,往事的回忆与现在的行动是有关系的。所以,我们用这种方法观察多次之后,就可以确信一种学说,认定在往事的回忆当中,我们总可以找出病者的原型的一个真实部分。

当一个病者回忆过去的时候,我们可以相信:凡是他所想起的事情一定是在情绪上使他感觉兴趣的,由此我们便可以找出他的人格的一条线索。遗忘了的经验之对于生活方式,对于原型也有重大的关系,那是不能否认的事,但是要把遗忘了的回忆——又叫作无意识的回忆——重新找出来,可就困难得多上不知若干倍了。意识的回忆与无意识的回忆有个共同的性质:都是走向同一个自高的目标的。它们都是整个原型的一部分。所以，假如事实上可能，顶好把意识的回忆与无意识的回忆全找了出来。意识的回忆与无意识的回忆，结果都是一样的重要，但是在他本人方面，通常对于两种回忆都是没有了解的。所以别人便该了解这两种回忆，把这两种回忆的意义说明出来。

让我们先说意识的回忆吧。有些人当你问他们要往事的回忆的时候，说"我一点也记不起了"。我们碰了这种人，便应该叫他们集中注意，设法想想。他们经过一番努力之后，就会记起一些事情的。但是他们这种迟疑的态度就是表示他们不愿意深深地回到他们的儿童时代去，我们由此就可下个断语，断定他们的儿童时代不是快乐的。我们对于这种人应该引导他们。我们应该暗示他们，才能得到我们所需要的回忆。他们最后总是可以忆起一些事情的。

有些人说自己能够忆起生后第一年的事情。这是很少可能性的，也许他们所忆起的事情是些幻想，不是真的回忆。但是不管幻想也好，真的回忆也好，实际上并无分别，因为总归是他们的人格的一部分。

有些人说，他们不敢断定自己记起的事真是记起的呢，还是父母告诉他们的。

其实这也没有关系，因为即使是父母告诉他们，他们记在心里的，我们也可以由此看出他们的兴趣来。

*   *   *

我们在上章已经说过，我们为着某种目的，顶好把个人分成几类。往事的回忆就是各类的人各不相同的，它所表现的，就是各类的人所应有的行为。我们可以举个例子，有一个人，他记得看见过一株奇怪的圣诞树，树上充满了灯光、礼物和糕饼。这个故事里面最有趣味的事情是什么？是"他看见过"。为什么他告诉我们他"看见过"？因为他常常注意视觉方面的东西。他的视觉有缺点，他努力去制服那些缺点，结果经过一番练习之后，他对于"看"便常常有兴趣，很注意了。也许这并不是他的生活方式的最重要的成分，但总是一个有趣的重要的部分。由此可以知道，假如我们要给他一种职业，顶好是给他一种能够利用他的眼睛的职业。

学校给予儿童的教育,常常太不注意个人的种类不同的原则了。我们可以发觉一个对于视觉具有兴趣的儿童,不肯听讲,因为他时时想要看点东西。教这种儿童去听讲,我们便该忍耐一点。有许多儿童在学校里只用一种方法去学习,因为他们只喜欢用一种感官。他们也许只有听觉好,也许只有视觉好。有许多儿童常常好动,常常想做工。我们对于这三类儿童,是不能够希望他们有同样的结果的,尤其是教员喜欢用一种方法——如同听觉儿童的方法——的时候,结果更不一样。教员若用听觉儿童的方法,爱用视觉的儿童和爱做工的儿童便会吃亏,他们的进展便会受阻碍。

有个年轻的人,二十四岁了,患着一种昏晕的毛病。问他要回忆,他才想起在四岁的时候,有一次听见过机械的声音,他便晕了过去。换句话说,他是个"听见过"的人,所以对于听觉有兴趣。我们在这里用不着说明这个年轻的人后来怎样弄成一种昏晕的毛病,只要注意他从小时候起对于声音的感觉便很敏锐就够了。他是非常富于音乐能力的，他不能听烦躁的声音，不和谐的声音，或粗糙的声音。一声笛声使他受到那么大的影响，原是不足为怪的。常常有些儿童或成人，因为吃了某种事情的亏，所以对于那种事情分外注意。读者想必还记得前面有一章里面所讲到的一个喘气的男子。他因为小时候有种毛病，把肺部扎得很紧，结果就在呼吸的方法方面养成了一种特异的兴趣。

有些人的全部兴趣好像完全放在吃的上面。他们对于小时候的回忆一定是和吃有关系的。在他们看来，全世界最重要的事情就莫过于如何吃，吃什么，什么不吃。我们常常可以发现这种人之所以特别注意吃，是因为小时候在吃的方面受了困难的缘故。

* * *

我们现在要讲一种与动作行走有关系的回忆。我们已经知道，有许多儿童因为身体衰弱，或者患着软骨病，小时候的动作很不灵便。因此后来对于动作发生一种变态的兴趣，无论什么时候都想抢头。我们所要说的回忆就可以表明这种事实。一个五十岁的男子，跑到医生那里，说他每逢伴着人家穿过一条街的时候，心里便非常害怕，怕两个人都会被人家践倒。至于单身过街，他便没有这种恐惧，事实上走过的时候也很镇静。唯有同别人一路走，他就想着要去拯救他的同伴。他握着同伴的手臂，一时把他推到东，一时把他推到西，每每把人家闹得烦躁死了。这种人我们虽然并不常常遇着，但是间或也见过的。让我们把他的愚笨的行动的原因分析一下吧。

问到他的往事的回忆，他说他在三岁的时候，动作还不大灵便，患着软骨病。他曾经在过街的时候，被人家践倒。所以在他现在看来，他的重要事情就在证明他已克服了这种弱点。他想要表明自己是个唯一能够过街的人。他只要有了同伴，就想找个机会证明他的本领。自然，安全地走过一条街，在大多数人看来是不值得骄傲的，他们也不会以此和别人去竞争。可是在我们的病者这种人看来，他就很喜欢去动作,去表示自己有动作的能力了。

* * *

我们现在又要讲到另外一个病案了。一个将近变成罪人的男孩子。他偷东西,逃学,把他的父母弄得心灰意冷。他的往事的回忆是常常要绕圈子,抢头。他现在是和他父亲一起做工,整天安静地坐着。从他的病情看来,如果叫他做个售货员,替他父亲跑腿,他的毛病一定可以治好一部分。有种最重要的往事的回忆,是关于儿童时代的死亡的记忆。当儿童看见一个人突然死了的时候,他们心上所受的影响是很显著的。有时候他们可以变成病态。有时候他们不变成病态,但是终身专心注意死的问题,随时都在与疾病死亡相抗争。这种儿童有许多后来对于医药发生兴趣,变成医生或者化学家。这种目标自然是有益的。他们不独自己反抗死亡,而且帮助别人反抗死亡。但是有时候他们的原型养成了一种极其自私的见解。有一个儿童,他的姊姊死了,他很受影响。人家问他将来想做什么。大家以为他的答复是想做医生;哪知不然,他说"想做一个掘坟的人"。问他为什么想做这种职业,他说:"因为我只想做葬人的人,不想做被葬的人。"我们知道,这种目标是无益的生活方面的,因为他只注意他自己一个人。

让我们看看溺爱惯了的儿童的往事的回忆吧。这种人的往事的回忆把他们的特性反映得最清楚。这种儿童常常提到自己的母亲。提到自己的母亲也许是件自然的事,但是可以表示他需要一个顺利的环境。有时候他们的往事回忆看去全没有毛病,可是分析之后,仍是不至于白费力气的。比如,一个男子告诉你"我记得我正坐在房里,我母亲站在橱子旁边"。这话看起来好像没有关系,但是他之提到他的母亲就表示他对这件事情是发生过兴趣的。有时候母亲的地位没有这样明显,研究起来也就比较困难一点。我们必得去猜,才猜得出母亲来。比如这个人告诉你"我记得我作了一次旅行"。假如你问他谁跟他一道旅行的,你就可以发现是他的母亲。假如有些儿童告诉你"我记得有个夏天我在乡里的某个地方"。我们就可以猜想他的父亲在城里做工,是母亲和他们在一起。我们可以问他"谁同你在一起?"这样一来,我们就常可以发现母亲的潜势力。

从这种种回忆研究起来,我们可以知道里面有种求占优势的努力。我们由此可以知道,一个儿童在发展的过程中间,怎样开始看重他母亲所给予的溺爱。这件事情很能帮助我们的了解,因为假如有儿童或者成人把这种回忆告诉我们,我们就可以断定:这种人是常常觉得自己有危险的,是常常怕别人比他们更得势的。我们知道,他们的紧张情形一天比一天厉害,一天比一天明显;我们又知道,他们的心事总是集中在这种观念上面的。这种事实很重要,因为由此可以知道,这种人后来是会善妒的。

有时候有人把某一件事情看得比别的事情都要紧。比如一个儿童说"我从前有一天,不能不照顾我的妹妹,我想把她保护得很好。我把她放到桌子上面,可是桌布把她绊住了,于是我的妹妹便跌倒了"。这个说话的儿童自己还只有四岁呢。自然,让一个大点的儿童去招呼一个年纪小的儿童,像这样的年龄是很小的。我们可以知道,那个尽力保护她妹妹的儿童是何等的可怜。后来这个大点的女孩子长大了，嫁了一个和善的——我们差不多可以说服从的——丈夫。但是她常很嫉妒，好批评人家，总怕丈夫爱上了别人。她丈夫讨厌她，于是转而去爱他的孩子去了，这是很容易懂得的。

有时候紧张的情形比这个更明显，有些人记得他们的的确确想过，想要伤害家里的人，要把家里的人杀了。这种人是完全只注意自己的。他们不爱别人。他们对别人存着仇恨的心思。这种感觉是在原型里面早已存在了的。

此外还有一种人，因为怕别人占去他们的朋友，或者怀疑人家想要胜过他们，于是无论做什么事都不能有始有终。这种人决不能真正变成社会的一员，因为他有一种观念，怕别人赛过他，占了他的优势。他在一切职业当中都是极端紧张的。尤其是在恋爱与结婚方面有这种态度。

我们对于这种种的人，即使不能把他们完全治好，至少对于往事的回忆有了相当研究的本领以后，我们是可以使他们有进步的。

我们所诊治的病人中间，有一个是我们在另外一章里面讲过的一个男孩子，他有一天和他的母亲弟弟一道到市场去。后来天下雨了，他母亲把他抱在怀里，可是一看见了他的弟弟，便把他放下，抱着他的弟弟。他从此以后就觉得他的弟弟比他更得宠爱了。

*　　*　　*

我们说过，假如我们能够得到这类往事的回忆，我们就可以预测病人日后的生活状况。但是我们应该记得，往事的回忆并不是日后的行为的原因，而只是一种暗示。它们表示以往发生过什么事情，怎样发生的。它们指出了向着某个目标的动作和应该扫除的障碍。它们指明了一个人怎样变得在人生的某方面比别方面较有兴趣。我们知道，他在性的方面也许患有我们叫作伤害神经病（trauma）的毛病，那就是说，他对于性的事情比对于别的事情较有兴趣。假如我们问人家要往事的回忆，结果听了一些性的经验，我们是不必诧异的。有些人从小对于性的事情就比对于别的事情的兴趣比较浓厚。注意性的事情，本是人类日常行为的一部分，但是我已经说过，对于性的兴趣是有许多种类、许多等级的。我们常常发现，如果一个人向我们说到性的回忆，他后来便在性的方面发展。结果，他的生活是不和谐的，因为这一方面的人性太被重视了。有些人硬以为一切事情都有性的背景。反之，又有人以为胃是最重要的器官；我们可以知道，在这种种情形之下，往事的回忆与日后的特性也是相符合的。

有一个男孩子，他能进中学真是一件可怪的事。他时时要动，从来不安静读书的。他在应该读书的时候，总是一心以为鸿鹄将至，常常进咖啡馆，看朋友。所以，去考察考察他的往事的回忆是有趣的。他说："我记得躺在摇篮里，望着墙上。我看见墙上的纸，有花，有图画种种东西。"

这个人是只能睡在摇篮里，不能参加考试的。他不能够集中注意去读书，因为他总是一心以为鸿鹄将至，心猿意马，那是不成功的。我们由此可以知道，这个人是个被溺爱惯了的儿童，一个人只身做不了什么事。

* * *

我们现在要讨论被人憎恶的儿童了。这种儿童并不多见，他们所代表的是种极端的例子。假如一个人真是生下来便被人憎恶的，他根本就活不下去。这样的儿童早会死亡。一般儿童通常有父母保姆给他们抚爱，给他们满足欲望。被人憎恶的儿童不外私生子、罪人和父母不愿生而生下来的儿童，他们的精神常是抑郁的。我们常常可以在他们的回忆里面找得这种被人憎恶的感觉出来。比如有个男子，他说："我记得我挨了耳光；我母亲骂我，批评我，后来我就跑了。"因为逃跑，他几乎被淹死了。

这个人跑到一个心理学家那里，因为他不能离开家庭。我们从他的往事的回忆看来，知道他有一次跑出去，受了很大的危险。这件事情始终存在他的记忆里面，所以每逢出外便怕危险。他是一个聪敏的儿童，但是他总怕考试取不了第一。因此他便踟蹰不决，不能上进。最后他进了大学，他又怕不能照规定的标准和人家竞争。我们知道，这种种事情都是可以回溯到他的关于危险的回忆的。

此外还有一个可以帮助说明的例子，那是一个孤儿，一岁的时候，父母便都死了。他有软骨病，但是因为住在孤儿院，没有得到适当的照顾。院里谁也不照顾他，因此他后来便极难得和人家交朋友。我们看看他的回忆，就知道他总觉别人比他更得人家的喜爱。这种感觉在他的发展上是有重要关系的。他常常觉得人家憎恶他，他因为有了这种感觉，以致对于一切问题都不能去对付。他因为有了自卑心理，以致一切人生问题和情境都不能参加，如同恋爱、结婚、交友、经商都是要和人家发生接触的，他便都不能加入。

另外还有一个有趣的例子，一个中年的男子，总是失眠。他有四十六岁或四十八岁了，结了婚，生了儿女。他对什么人都极爱批评，常常想压制别人，尤其是想压制自己家里的人。他的行动使人人都觉得受罪。

问他的往事的回忆，他说他的父母都好争吵，时常相打，时常彼此威吓，弄得他对父母两个人都害怕。他进学校的时候，周身秽浊，谁也不管他。有一天他的教员缺席，请了一个人代课。那个代课的女子对于自己的工作和教育的效力很感兴趣。她认为教育是一件良好的、高贵的工作。她认为这个没人照顾的孩子是有办法的，于是跑去给他鼓励。那孩子有生以来第一次才得到这种待遇。从此以后，他便有进展了，但是他的进展总像有人在后面推着似的。他并不真正相信自己可以得到优胜，因此他便整天半晚的工作。这样一来，他便养成了一种习惯，一定要做半晚的事，否则根本不睡，一味想着自己所应该做的工作。结果他就以为自己差不多必须整晚不睡，做事才能作出成绩。

我们知道，他的自高的欲望后来表现在他对家庭的态度和对别人的行为上。他的家庭比他弱，他在家人面前可以作出一个胜利者的样子。他的太太和子女便吃了他这种行为的大苦，这种苦是免不了的。

把这个人的性质综括起来，我们可以说，他有一个自高目标,这个目标后面有重大的自卑心理。我们知道紧张过度的人常常是如此的。他们的紧张状态就是他们怀疑自己不能成功的表示,这种怀疑又被一种自高情结遮住了,而那种自高情结其实又是一种自高姿态。一经研究他的往事的回忆,情形便明白了。

第五章 往事的回忆

第六章　态度与动作

我们在上章所描写的,是往事回忆和幻想可以用来表明个人潜伏的生活方式的情形。研究往事的回忆只是研究人格的许多方法中的一种。这许多方法都是利用个别的部分去解释全体。除了往事的回忆以外,我们还可以观察一个人的动作和态度。动作的本身就"表示在"或者隐藏在各种态度里面,而各种态度也就是构成生活方式的整个态度的表现。

让我们首先说说身体的动作吧。我们可以根据站立、行走、动作、言语种种态度去评判个人;这是人人知道的。我们评判的时候并不一定是有意识的,但是我们有了这些印象,就常常对他生出一种同情的或嫌恶的感觉。

比如我们可以想想站立的态度。我们看见一个儿童或成人,立刻就注意他站立的时候是伸着腰的还是弯着腰的。这并不很困难。我们应该特别注意过分做作的情形。一个人如果站得太直了，像扯长了一样，我们就可以怀疑他费了太多的力量才装出这种姿势。我们可以假想这个人是在装出个伟大的样子，实际上他自己不会觉得有这样伟大的。从这种小地方我们就可以知道，他所表现的是一种自高情结。他想把自己装得很勇敢，他想把他自己装得并不紧张一样。

反之，我们又看见有种相反姿势的人，身体总是弯曲的。这种姿势在某种范围以内可以表示他们是些懦夫。但是我们的艺术和科学有条规则，叫我们要常常小心，要多寻证据，决不可凭着一点理由就下断语。有时候我们觉得差不多对了，但是我们还要用别的证据来证明我们的判断。我们问："我们以为凡是弯背的人都是懦夫，这是对的吗？他们遇了困难会怎么办呢？"

我们再看一看，就可以看出这种人总是想靠着一些东西，如同靠着一张桌子一把椅子之类。他不相信自己的力气，他要得到身外的扶助。这种情形所表示的心理态度和站立的时候身体弯曲是一样的，如果我们看见有了这两类的行动同时存在，我们的判断大概是证实了。

我们又可以知道，时时要人扶助的儿童，他们的姿势和自立的儿童的姿势不一样。我们从一个儿童的站立的姿势，接近别人的态度，就可以知道他的自立的程度。在这种情形之下，我们用不着怀疑，因为我们有许多机会可以证实我们的结论。一旦我们的结论证实了，我们就可想办法去救济，去把儿童引入正当的轨道。

这种需人扶助的儿童，我们可以实验他。叫他母亲坐到椅子上，然后放他到房里来。我们就可以看出来，他决不看别人，只一直向母亲走去，靠在椅子上，或者靠着母亲身上。这就证实了我们的预料，——他要人家扶助。

注意儿童走近别人的态度也是有趣的，因为由此可以看出他的社会兴趣和适应社会的程度来。这可以表示儿童对于别人的自信力。一个不想接近别人，只远远地站着的儿童，他在别的事情上面也是缄默谨慎的。他不多说话，非常之沉默寡言。

我们可以知道，这种种情形都是朝着一个方向的，因为每个人都是一个整体，对于人生问题都是以一个整体来反应的。我们可以说说一个求医的妇人的事，作个说明。医生以为她会坐到自己身旁，可是当他给她一把椅子的时候，她却四围一望，远远地坐着。我们的结论只能说她只愿意和一个人发生关系。她说她结了婚，从这一点看起来，整个的故事都可以想象得之了。也许她只愿和自己的丈夫发生关系。也许她想得到人家的怜爱，希望自己的丈夫很守时刻，常常能够按时归家。她没有伴就非常焦急，她从不想只身外出，不高兴和别人来往。总而言之，我们研究她的一宗身体动作，就可以猜出整个的故事。但是我们的学说还另有方法可以证实的。

他也许告诉你："我患着焦急的毛病。"假使我们不知道焦急可以用作统治别人的方法，这句话的意义是谁也不能懂得的。假如一个儿童或成人患着焦急的毛病，我们就可以猜想另外还有一个扶助这个儿童或成人的人。

有一次有一对夫妇，自命为自由思想者。这种人相信结婚以后双方可以自由行动，只要彼此开诚相告就行了。结果呢，丈夫另外有了恋爱的事情，一五一十地都讲给太太听。太太也好像完全不在乎的样子。但是后来她患着焦急的毛病了。她不肯只身出外。她的丈夫总得时时陪着她出去。我们由此可以知道，她的自由思想已经被焦急或者"恐惧"（phobia）所修正了。

有些人常常站在墙边上，身体靠着墙。这就表示他们的勇气不够，自立的能力不够。让我们把这种畏缩的踟蹰的人的原型分析一下吧。有一个男孩子，到学校里便很害羞。这是一个重要的表示，表示他不愿意和别人发生关系。他没有朋友，时时等着学校下课。他的动作非常迂缓，下楼梯的时候要沿着墙，向下面望着街上，笔直往家里跑。他在学校里面不是一个好学生，事实上因为他在学校的范围以内不觉到快乐，功课是很坏的。他时时想回到母亲那里去，他母亲是个寡妇，非常之溺爱他。

医生为得要多得一点了解，便跑去和他的母亲谈话。医生问她："他在就寝的时候不捣麻烦吗？"她说："捣的。""他晚上哭吗？""不。""他晚上来尿吗？""不。"

医生心里一想，不是自己错了，便是那个孩子错了。他认为那个孩子一定是和他母亲一床睡的。他的结论是怎样得来的呢？因为晚上啼哭是需要母亲注意的表示。假如孩子睡在母亲床上，啼哭就可以不必要了。同样，晚上来尿也是需要母亲注意的表示。后来医生的结论果然证实了，孩子是睡在母亲的床上。

假如我们仔细考察，我们就可以知道，心理学家所注意的一切小事情都是整个生活计划的一部分。由此我们便可以看出一个人的目标——在这里，那个男孩子的目标是要时时和母亲在一起，此外我们还可以断定许多事情。我们可以用这个方法断定一个儿童是不是低能。因为低能的儿童是不能够想出这么一个聪敏的生活计划的。

现在让我们看看人身上可以看出来的心理态度吧。有些人多少有些好勇斗狠。有些人却想放弃一切。但是我们从来没有看见有人真的放弃一切的。放弃一切是不可能的，因为不合人类的天性。常态的人决不能够放弃一切。假如他作出放弃的样子，实际上与其说他是放弃，不如说他是努力。

有一种儿童，常常想放弃。这种儿童是全家注意的中心。每个人都要照顾他，敦促他，劝告他。他的生活必得要别人去扶助，他常是别人的累赘。这就是他的自高目标，——他用这种方法去发泄自己要支配别人的欲望。我们已经说过，这种自高目标自然是一种自卑情结的结果。假如他不怀疑自己的力量，他就不会采用这种不费力气的办法去达到成功的目的。

有一个十七岁的男孩子，可以表明这种性质。他是全家最大的孩子。我们已经知道，当第二个孩子生下来，抢去了第一个孩子的家庭爱护的中心地位的时候，第一个常常尝到一种悲剧。这个男孩子就是这样的。他很抑郁，很乖戾，没有事情做。有一天他要去自杀。过了不久，他跑到一个医生那里，说他在自杀以前，做了一个梦。他梦见把自己的父亲用枪打死了。我们知道，这种抑郁的、懒惰的、不动作的人，心里却时时刻刻想要动作。我们又知道，凡是这种在学校里很懒怠的儿童，凡是这种什么事都懒得去做的成人，都是可以做出危险的事情的。他们的懒怠常常只是表面的情形。于是发生事情了，自杀啊，神经病啊，癫狂啊。要去决定这种人的心理态度，有时候是件困难的科学工作呢！

儿童害羞也是一件很危险的事情。一个害羞的儿童应该小心地诊治。他的害羞的态度应该去掉，否则便会害了他的一生。如果他不去掉害羞的态度，他便会无往而不遭受很大的困难，因为在我们这种文化之下，只有勇敢的人才能得到好结果，才能在生活上占便宜。假如一个人是勇敢的，他失败了也不会顶伤心，但是害羞的人只要看见前面有困难，他就逃到无益的生活方面去了。这种儿童后来是可以变成神经病者或癫狂的。

我们知道，这种儿童到什么地方都是一副卑下的容貌，见了人便口吃，说不出话来，甚至于根本就不和别人在一起。

* * *

我们以上所描写的特性都是心理的态度。心理态度不是生成的,不是遗传得来的,只是对于一种情境的反应。某一种特性就是我见了某个问题的时候我的生活方式所给出的答案。自然,这种答案并不一定是哲学家所希望的合于逻辑的答案,而是我在儿童时代所受的经验、所生的错误叫我作出的答案。

心理态度的功用和心理态度的起源,我们可以从儿童和变态的人去观察,那种观察的结果比从常态的成人所观察的明晰一些。我们知道,原型时代的生活方式比后来的生活方式明显得多。事实上,我们可以把原型的功用比作一个没有成熟的果子,一切肥料、水分、食物、空气,它都会把它们同化的。这种种东西它都会拿去,供它的发展。原型与生活方式的分别就和没成熟的水果与成熟了的水果的分别一样。人类在水果没有成熟的时期,容易分析考察得多,而考察的结果,到了水果成熟的时期大部分还是对的。

比如我们知道，一个生下来就懦弱的儿童，他的一切态度都懦弱。这个世界是一个物以类聚的世界，懦弱的儿童和进取的好斗的儿童是迥不相谋的。好斗的儿童多少总有一点勇气，那点勇气就是常识的自然结果。但是有时候一个懦弱的儿童在某种情境之下，也可以显得像个英雄的样子。大凡懦弱的儿童有意取得第一把交椅的时候就有这种情形。有一个最明显的例子，就是一个从来不会游泳的男孩子。有一天别的孩子叫他去游泳，他居然就去了。他这种勇气自然不是真正的勇气，是在无益的生活方面的。他之所以敢于冒险，目的只在使人家佩服他。他不顾危险，而希望人家去救他。

* * *

勇气与畏缩的问题，在心理上和数命的信仰有密切的关系。信仰数命可以影响我们做有益的行动的能力。有些人有种很大的自高心理，他们觉得自己什么都能做。他们知道一切事情，但是一件事情也不想学。这种想法的结果,我们是都知道的。有这种思想的儿童,在学校里面所得的分数照例不好。还有一些人常常想干最危险的事情,因为他们觉得自己不会遭遇什么危险,不会失败。而其结果呢,总是不好的。

大凡遭遇过危险而自己没有受损伤的人,总是相信数命的。比如他们遇过一件极危险的意外的事情,自己没有死。结果他们就觉得自己是注定要做大事业的。有一次有一个男子,具有这种感觉,但是做过一件不如意的事情之后,他失了勇气,变得抑郁忧闷。因为他的最重要的靠山已经靠不住了。

问他对于往事的回忆,他就说了一件极有意义的经验。他说他有一次打算到维也纳的一家戏院去,但是先要做件别的事情。后来等他走到那家戏院,戏院是早已烧了。什么都毁了,但是他却无恙。这样一个人觉得自己注定要做大事业,你是很可以懂得他的原因的。后来一切都好,直到他失败在他太太的手下之后,于是他就完了。

关于定命论的意义,可说可写的很多。定命论可以影响整个的民族,影响整个的文明,影响个人,但是我们只想指明它和心理活动、生活方式的关系。从许多方面看起来,信仰数命就是一种懦弱的规避,不在有益的方面去努力,去活动。所以对于数命的信仰终于是不能真正给人以帮助的。

*　　　*　　　*

有一个基本的心理态度,可以影响我们与别人的关系,就是嫉妒。嫉妒就是自卑的表示。的确,我们人人都有相当的嫉妒心。小量的嫉妒心并没有害处,而且也是很普遍的。但是嫉妒应该有益。嫉妒应该使我们工作,前进,对付问题。如果这样,嫉妒便不是没有用处。所以我们虽然人人都有一点点嫉妒心,仍是可以原谅的。

反之,嫉恨就是一个困难得多、危险得多的心理态度,因为嫉恨不能够有益处。有嫉恨心的人,决没有丝毫好处。并且嫉恨心是一种重大的自卑心理的结果。一个有嫉恨心的人怕自己能力不足,不能保住自己的伴侣。所以他每逢想要影响他的伴侣的时候，就用嫉恨去掩饰自己的弱点。假如我们看看这种人的原型，我们就可以知道他有一种被人剥削的感觉。事实上我们每逢遇着有嫉恨心的人，顶好就去回溯他的过去，看他是不是因为以前自己的优越地位被人家占去了，现在怕自己的优越地位再被人家占去。

* * *

我们把嫉妒与嫉恨的一般问题讨论过了之后，现在可以看看一种特殊的嫉妒——女性对于男性在社会上的优越地位的嫉妒。我们知道有许多妇女想做男子。这种态度是很容易了解的，因为假如我们用公正的眼光去考察，我们就可以知道，在现在的文化之中，男子总是占便宜的；男子总比妇女被人家看得起些，认为有价值些，被人家尊敬些。从道德上说来，这是不对的，应该纠正。女子看见男子在家庭里面舒服得多，麻烦事情一概不管。她们知道男子有许多地方都较自由，因此对于自己所属的女性便不满意。她们于是设法去做出和男子一样的行动。她们对于男性的模仿，有各种各色的办法。比如和男子穿一样的衣服，而她们的父母有时候也赞成，因为男孩子的衣服的确舒服些。她们这种种行动，有些是有益的，用不着阻止。但是有些态度却是无益的，譬如一个女孩子要人家喊她的男孩子名字，不高兴人家喊她的女孩子名字，就是一例。这种女孩子取了男孩子的名字，假如人家不喊她所取的男孩子名字，便很生气。假如这种态度的后面还有背景，不只是好玩的行动，那就非常之危险了。因为如果这样，她们后来便会不愿意做女性，不愿意结婚，或者结婚也不愿意尽女性的职分。

妇女穿短衣服是没有什么不对的，因为穿短衣服的确比较方便。妇女有许多地方想学男子，想和男子就一样的职业，那都是可以的。但是她们若不愿意尽妇女的职分，而想模仿男子的罪恶那便危险了。

这种危险的趋势在青春期出现，因为到了青春期，一个人的原型就中了毒。女孩子的没有成熟的心就嫉妒男子的特权。她们模仿男孩子。这就是一种自高情结——是规避正当的发展。

我们已经说过,这种态度可以使得她们非常之不高兴恋爱,不高兴结婚。我们并不是说这种女孩子根本不去结婚,因为在我们现在的文化之下,不结婚就是一种失败的表示。哪怕不高兴结婚的女子也要结婚的。

一个信仰两性关系应该根据平等原则的人,对于妇女的这种"男性反抗"不应该给以鼓励。两性的平等应该合乎自然的法则,"男性反抗"只是对于现实的盲目革命,所以是一种自高情结。事实上"男性反抗"可以使得一切性的功用都被搅扰,都受影响。许多严重的病征都可以发生,假如我们看看它们的起源,我们就可以知道,它们都是在儿童时代就已经伏了根的。

* * *

我们也见过一种想做女子的男孩子,不过这种情形没有女孩子想做男子的那么多。这种男子所模仿的不是平常的女孩子,他喜欢模仿特别卖弄风骚的女人。他们擦粉，插花，学着轻浮女子的态度。这也是一种自高情结。

事实上我们知道这种男孩子多半是在一个以妇女为首领的环境里面长大的。所以他长大了只学母亲，不学父亲。

有一个男孩子，因为一些性的毛病，跑来请教。他说他总是和母亲在一起。他父亲在家里看来，差不多好像没有那么一个人似的。他母亲在结婚以前是个裁缝，结婚以后还是做些针线。这个孩子因为常在她的身旁，对于她所做的东西也发生了兴趣。他开始缝纫，画妇女的衣样。

他因为母亲每天总是四点钟出去，五点钟回家，所以只有四岁就能够知道钟点了，他之注意他的母亲，由此也就可见一斑。他看见母亲回家就很高兴，所以就学会了看钟。

后来他进了学校，行动和女孩子一样。他不参加游戏。别的男孩子都和他开玩笑，甚至于亲他的嘴，这是他们在这种情形之下所常做的。有一天他们要演戏，我们猜想得到的，他扮了一个女角。他扮得非常之好，许多听众都以为他真是一个女子。听众里面有一个人居然还爱上了他。这样一来，他就觉得自己是个男子虽然得不到人家的赏识，装成女子却非常被人看得起了。这就是他后来的性的毛病的起源。

第七章　梦与梦之解释

在个别心理学看来，意识和无意识就是一件东西，这是我们已经讲过多次的。在上面两章，我们已经就整个的个人把意识方面的回忆、态度和动作解释过了。我们现在要用同样的方法去解释我们的无意识的或半意识的生活，——我们的梦。我们在梦里的生活和醒时的生活一样，都是我们的整个生活的一部分，一点不多，一点也不少，所以我们能够采用同样的方法去解释。别派的心理学家对于梦的解释，总想找出一些新奇的看法，但是我们对于梦的见解不然，我们认为它和个人的言行中所表现的一切主要部分是一般无二的。

我们已经知道，我们醒时的生活是受着自高目标的支配的；同样，我们可以知道，梦里的生活也是受着自高目标的支配。一切的梦，都是生活方式的一部分，都有儿童时代的原型的因素。事实上除非你已知道某人的原型与某个梦的关系，否则你对于那个梦不能说是真个懂了的。假如你与某人相知很深，他的梦的性质你也差不多可以猜得出来。比如我们整个的人类都是懦弱的。从这个普遍的事实看来，我们就可以预言人类大多数的梦都是关于恐惧的、危险的、焦虑的。假如我们看见一个人，他的目标在逃脱人生问题的解决，那么，我们便可以猜想他一定常常做着跌下的梦。这种梦对于他就好像是一个警告，说："别进行了，你会失败啊。"他用做梦跌下的方法，去表示对于自己的前途的见解。大多数的人都有这种跌下的梦。

有一个特殊的例子，一个临考的学生；据我们所知道的，他是一个懦弱的人。他所经历的事情，我们是可以猜想得到的。他整天的忧虑，精神不能集中，最后，他想"时间太短了"。他想要把考试推延下去。他若做梦，他便会梦着跌倒下去。跌倒下去的梦正可以表现他的生活方式，因为他要达到他的目标，他便不能不做这样的梦。

另外一个学生，功课很有进步，人也有勇气，一点不胆怯,从来不借口规避。他所做的梦,我们也可以猜得出来。在考试以前,他会梦着自己爬上一座高山,从山顶上看去,风景很是可爱,做到这里,他便醒了。这样的梦,正表现了他的人生历程,反映着他的成功目标。

有种人是有缺憾的,他们的进行只能到某种境地为止。这种人所做的梦是关于自己的缺憾的,他梦见被人追逐,不能脱身,遇了困难,不能逃避。他常常做着被人追逐的梦。

在我们没有说到另外一种的梦以前,我们顶好说明一句:假如有人向心理学家说"什么梦我都不能告诉你,因为我全记不起了。但是我一定再去做几个梦"。心理学家是不会失望的。因为心理学家知道,他的幻想不能越出生活方式的范围。他所故意制作出来的梦和他真从记忆中回忆出来的梦都是一样的,因为他的想象和幻想也是他的生活方式的表现。

一个人的幻想并不必完全仿照他的实际动作才能表现他的生活方式。比如我们发现一种人,他的幻想的生活多于实际的生活。他在白天的生活很是懦弱，但是一到做梦便很有勇气了。但是我们可以在他身上发现一些表征，表示他做事有始不愿有终。这种表征，甚至在他做着勇敢的梦的时候也是很显著的。

*　　*　　*

梦的目的，总是帮助个人私下里所存着的自高目标做准备工夫。他的一切征象、动作和所做的梦，都是一种练习，使他能够达到这种优势的目标，至于目标是想人家注意，或是想要支配人家，或是想要规避，那都没有关系。

梦的目的，是表现得既不合理又不可靠的。我们之所以做梦，目的是在造出某种情感、心境或者情绪；要想把梦里不清不白的事情解释清楚，那是绝对不可能的事。不过，在这方面，梦与醒时生活、醒时行动所不同的也只是程度的差异，并非种类的各别。我们已经知道，个人对于人生问题的应付方法，是与各人的人生计划有关系的。我们虽然为着社交的缘故，希望他们的应付方法能够多多合于预定的逻辑，但是事实并不如此。一旦我们对于醒时生活，不再持着一种绝对的见解，梦便没有什么神秘了。醒时生活中的事实与情绪是相关的，是混杂的，梦不过是这种相关和混杂的进一步的表现而已。

从历史方面看来，原始的人总觉得梦是非常神秘的，他们总给它一种预言式的解释。他们把梦看作事实的先兆。其实这种看法也有一半是对的。做梦确像一道桥梁，它把做梦的人眼前所逢的问题和他的目标连接起来。因此，梦里的事情后来在事实上常常会出现，因为做梦的人在做梦的时候会练习，并且会准备梦境的真个出现的。

关于这个问题，我们可以另作一种看法；做梦和醒时生活一样，里面有种相互的关系。假如有个眼光敏锐、赋性聪明的人，他无论分析自己的醒时生活或梦里生活，都可以预先看到将来的事。他所做的是一种诊断的工作。比如有人做梦，梦见一个熟人死了，而事实上后来那个熟人也果然死了的话，他所梦见的也不过如同一个医生或者一个亲人所预见的一样而已。不过他作这种想法的时候是在梦中，不是醒时而已。

对于梦的预言式的解释，因为也有一部分的真理，所以成了一种迷信。大凡具有别种迷信的人，都也相信这种迷信。有些自命为先知，借以博得地位的人也是拥护这种迷信的。

我们要排除这种预言式的迷信，要排除那些关于梦的神秘的说法，我们便不能不说明一下，为什么大多数人对于自己所做的梦全不懂得。即以醒时生活而论，能有自知之明的人，本就很少。世界上没有多少人具有反躬自省的能力，去省察自己所走的方向，至于梦的分析，我们已经说过，那是一件比分析醒时行为更复杂更晦涩的工作。所以，多数人之不能分析梦境，是不足为怪的，他们因为不知里面所含的意义，因而大言不惭，也是不足为怪的。

* * *

即使我们不去直接比较梦境和醒时的动作，只要把梦境和私见所生的现象作个比较,我们对于梦境的逻辑的了解,都可得到一些帮助。读者想必记得,我们讲过罪人、问题儿童和神经病者的态度,他们为要使得自己相信某种事实,所以创出某些情感、脾气或者心境。比如杀人的凶手便自圆其说地说"这个人本是该死的,所以我应该把他杀了",他在心里存着一种见解,认为那个人不该活在世上,于是创出一种准备杀人的情感。

这样的人也许心想,某某有条漂亮裤子,但是自己没有。他把这件事情看得非常重要,因而生出嫉妒的心思。他的自高的目标就在得一条漂亮的裤子,所以他在梦境里面创出一种情感,好使自己能够达到这个目标。事实上有些著名的梦便可以表明这种情形。比如《圣经》里面所说的约瑟的梦,就是一个例子。他梦见别人都向他低头。我们知道这个梦和他的彩衣的奇遇,以及被他兄弟所放逐的事情都是很相合的。

另外一个著名的梦是希腊诗人辛蒙那慈(Simonides)所做的,那时正有人请他到小亚细亚去讲学。他踟躇着不愿去，迎接他的船虽然在海口等着，但是他却一味地把行期展缓。他的朋友想劝他去，但是都没有效力。后来他便做了一个梦。他觉见一个曾经在森林里见过的死人向他说："因为你人很虔敬，在森林里面很关切我，所以我现在特来警告你，不可到小亚细亚去。"辛蒙那慈于是一爬起来，说"我决定不去了"。其实，他在做梦以前，本就不想去了的。他先就有了一个结论，然后创出这样一种情感或情绪来帮助那个结论；不过他自己并不懂得自己的梦的意义。

　　假如大家懂得这个道理，大家便可明白，一个人创造一种幻想的目的是要自己欺骗自己，结果常常生出一种他所需要的情感或情绪。一般人对于梦境所记得的常常就是这种情感。

　　关于辛蒙那慈所做的梦，我们还有一点要讨论的，就是解释梦境的程序应该怎样。第一，我们应该记得，梦是人的创造力的一部分。辛蒙那慈在做梦的时候，应用他的幻想，造了一个程序。他选着一个死人的事情做材料。为什么这个诗人一切经验不用，独独选上一个死人的经验呢？这是很明显的，因为他想到要在海中航行，心里很怕，所以非常关心到"死"。在那个时代，海行的人确是有危险的，所以他才踟蹰不愿去。并且由此可以看出，他也许不独怕晕船，而且怕沉船。他先有这种关于死的成见，所以他的梦境便选了一个死人做材料。

假如我们用这种态度去看梦，梦的解释并不是顶难的。我们应该记得，图照、回忆和幻想的选择都可以表示一个人的心事的方向。它把做梦者的倾向指示给你，我们便可以由此看出他所希望达到的目标。

* * *

让我们想想某个结了婚的男子的梦。他不满意于他的家庭生活。他有两个儿子，但是他常常忧愁，觉得他的太太过于注意别的事情，没有关心儿子。他常常把这些事情去批评他太太，希望太太改良。有一晚他做了一个梦，梦见自己有了第三个儿子。这第三个孩子失掉了，再也找不回来。他便责备他太太，因为太太对于孩子没有关心。

我们由此可以看出他的倾向出来；他心里有种想法，怕两个孩子中间有一个会要失掉，但是他的勇气不够，在梦境里面不敢梦见他们两个中的一个失了。所以他便另外捏造一个孩子，把他失掉。

还有一点，就是他喜欢他的孩子，不愿意他们走失了。并且他又觉得他的太太带着两个孩子已经够受了，不能照顾三个孩子。第三个孩子有了也会死亡的。所以，我们又看出那个梦的另一方面，那就是"我还应该要一个孩子吗？"

那个梦的实际结果是使他对于太太生出一种厌恶之情。实际上他并没有失掉孩子，但是第二天早晨，他一起来便批评他太太，厌恶他太太。所以有些人常常因为先晚做了一个梦，生出了一种情绪，一早起来便噜噜苏苏，说别人的闲话。这是一种麻醉，和忧郁病一样，自己创出一些想法，以为会失败，会死，一切都会完了，去麻醉他自己。

我们并且知道，这个人所选的材料是自己有把握的，譬如他想："我对于孩子很关心，但是我的太太不照顾他们，所以弄得失了一个。"所以，他之好去支配别人的倾向是在他的梦境里面表现出来了。

关于梦的近代解释已有二十五年的历史了。最初，佛洛特认为梦是儿时性欲的满足。我们对于这种见解是不能同意的，因为假如梦是儿时性欲的满足，那么，什么事情都可以用满足来解释。一切观念都是这样的，从下意识的深处浮到意识界中。所以，性欲满足的说法是不能够解释任何特殊事情的。

后来佛洛特主张梦里还有一个死的欲望。但是最后这个梦是不能用这种方法解释得很圆满的，因为我们不能说做父亲的人希望儿子失掉，死掉。

实际上，我们没有什么特别的看法，可以解释一切的梦，我们只有一种一般的假设，那是我们在说到心理生活的统一性和梦境的动情特性的时候已经讨论过了的。这种动情特性和与它相伴而来的自我欺骗，都有很多种类。比喻里面便有这种因素。用比喻是欺骗自己和欺骗别人的最好方法。因为我们可以相信：假如有人用比喻的时候，他是不相信他自己可以用实情和道理来说服你的。他常常想用无益的牵强附会的比喻来影响你。

就是诗人也行欺骗，不过欺骗得使你快乐而已；我们看了他们的譬喻和诗中的比方，也很觉得高兴。我们可以相信，他们是在使我们受他们的影响，使我们受着比平常字眼更深的影响。

假如荷马讲到希腊军队像狮子一样遍山遍野地跑来的时候，我们的思想若是严谨的话，那个譬喻是不能欺骗我们的；但是倘若我们具有一种诗的心境，那个譬喻便可以使我们麻醉了。作者使我们相信他有非常的力量。假如他仅仅只去描写兵士所穿的衣服和兵士所荷的武器，他便不能达到这个目的了。

若是有人难于解释事情的时候，也有同样的情形。假如他知道不能说得你心服，他便会用譬喻。我们已经说过，这种譬喻是自己欺骗自己的，因此，在梦境里面选择景象、想象的时候，它便表现得非常厉害。这是麻醉自己的一种艺术方法。

* * *

因为梦在情绪上是有麻醉作用的,所以便有一个防止做梦的办法;这是很可怪的。假如有人知道了他所梦着的是些什么,并且明白他是自己麻醉了自己,那么,他便会不再做梦了。做梦对于他再没有什么用处了。至少,在作者个人是这样的,我一发现了做梦的意义,我便没有再做梦了。

事实上我们可以说,要使这种认识发生效力,便得在情绪方面起番彻底的改变。作者个人在最后一个梦里面才做到这步工夫。这个梦是在战时得的。他因为职务的关系,努力想使某一个人不要被送到前方的危险地带去。在梦境中间,他梦见自己谋杀了一个人,但是不知道所杀的是谁。他心境很不好,心想"我谋杀的是谁呢?"事实上呢,只是因为有个观念麻醉了他,想拼命设法把那个兵士放到一个安全的地方,免得把他弄死了。梦境中的情绪是帮助这个观念的,但是当他明白了梦的托词以后,他便再也不做梦了,因为他不必因想做某些事情而去欺骗他自己了；那些事情在道理上他是可做可不做的。

*　　*　　*

有人常问"为什么有些人从来不做梦呢？"我们在上面所说的话便可以作为一个答案。他们是不愿意自己欺骗自己的。他们愿行动，知逻辑，他们对于问题要去对付。这种人假如做梦，也是很快便会忘记的。他们忘记得太快了，所以不相信自己做了梦。

这就连到一个学说了，那个学说认为我们总是做梦的，可是把多数的梦都忘记了。假如我们接受这种学说，那么，有些人之从不做梦便另有不同的解释了：他们是做梦而总是把梦忘了的人。作者个人是不相信这种学说的。他宁可相信有全不做梦的人，也有做梦而有时忘了的人。从问题的性质上看来，这种学说是很难驳复的，但是提出证据的责任也许还在创造这种学说的人身上。

*　　*　　*

　　为什么我们重三重四地做着同一个梦？这是一个奇怪的事实，没有什么具体的说明可以提出来。但是在这重三重四的梦境里面，我们可以发现人生的方式表现得更加明显。这种重三重四的梦境给我们一个具体的确切的表示，使我们知道那个人的自高目标究竟在什么地方。

　　在长的梦境里面，我们应该相信做梦的人还没有十分准备得好。他正在寻求一个联络问题与目标的桥梁。所以，最容易了解的还是短梦。有时候一个梦里面只有一个景象，几句话，但是可以表示做梦的人真是想寻求一条捷径，去欺骗他自己。

　　我们可以用睡眠问题结束我们的讨论。许多人关于睡眠发出一些无益的问题。他们猜想睡眠是清醒的反面，是"与死为邻"的。但是这种见解是错误的。睡眠不是清醒的反面，而是清醒状况的一个阶段。我们在睡眠里面，并没有和生命隔绝。在睡眠的时候，我们能够想，能够听。醒时的倾向，在睡眠里面通常都是有的。所以有些做母亲的人，无论街上怎样闹也闹她们不醒，可是孩子稍微动一下，她们便会立刻跳起身来。我们知道，她们实际是清醒的。我们晚上睡觉的时候，身体不掉到床铺下面去，也可见我们睡了还明白做事的限度。

个人的整个人格是日夜都表现在外面的。催眠术就是这个道理。大家迷信它是魔力的现象，其实只是睡眠的一种。不过在这种睡眠里面，被催眠的人愿意服从催眠的人，并且心里明白催眠的人想要使他睡着。做父母的人向孩子说"够了啊，睡吧！"孩子服从父母，真去睡了，也就是一种简单的催眠术。催眠术之所以能够得到结果，是因为被催眠的人愿意服从。他的服从的程度和易受催眠的程度是成正比例的。

在催眠术里面，我们有机会可以使被催眠的人创出一些景象、观念和回忆来；那种事情，他在清醒的时候是不会做的。唯一的条件就是服从。我们利用这个方法，可以找出解决问题的办法——往事的回忆，那些往事也许他早已忘了。

用催眠术诊病是有危险的。作者个人不喜欢催眠术，除了病人不相信其他任何别的诊法以外，不用催眠术。被催眠的人喜欢报复。他们最初克服了自己所遇的困难，但是实际上并没有改变他们的生活方式。催眠术像一服药，像一个机械方法：搔不着人性的痒处。假如我们真想帮助他们，我们应该做的事情是使他们有勇气，有自信力，对于自己的错误能有较好的了解。催眠术却不这么办，除了极少的情形以外，是不必采用的。

第七章　梦与梦之解释

第八章 问题儿童及其教育

我们应该怎样教育我们的儿童？这也许是我们现在社会生活里面最重要的问题。关于这个问题，个别心理学有很多意思可以贡献。教育，无论是家庭的或者学校的，它的目的都在发展和指导个人的人格。所以，心理科学是正当教育方法所必具的基础；假如我们愿意，我们简直可以把整个教育，看作广博心理生活法的一个分支。

*　　*　　*

先说一点引子。教育的最普通的原则是：教育应该适合个人日后的生活。这就是说，教育应该适合国家的理想。假如我们教育儿童的时候不注意国家的理想，那些儿童日后便不免感受困难。他们会不适宜于做组成社会的分子。

自然，国家的理想是可以改变的；如革命以后的改变，可以是突然的；演化之际的改变，可以是逐渐的。不过这就是说，教育者心目中应当有一个很远大的理想。教育者所抱的理想要永远能够站得住，要使个人自己能够对于变化多端的环境作正当的适应。

*　　*　　*

学校之所以和社会理想发生关系，自然是因为它们和政府有关系。因为政府的力量，国家的理想才能在学校制度里面反映出来。政府对于父母和家庭，并不容易干预，但是对于学校，却为自身的利益起见，常取种监视的态度。

从历史上看来，各时代的学校常反映各时代的理想。在欧洲方面，学校原来是为贵族设立的。学校的精神是贵族的，只有贵族才能进去受教。后来学校被教会拿了过去，于是变成宗教的学校，只有祭司才能做教员。后来国家渐渐需要较多的知识，需要更多的科目，需要更多的教员；那都不是教会所能供给的。因此，祭司牧师以外的人也就进了教育界。

一直到最近,做教员的人都并不仅只是做教员。他们还有许多别的副业,如同做鞋子缝衣服之类。很明显的,他们教书就只晓得用教鞭去教。在他们的学校里面,儿童的心理问题是无法解决的。

现代教育的精神发端于裴斯泰洛齐(Pestalozzi)的时候。裴斯泰洛齐是第一个除了用教鞭与责罚以外再找别的教学方法的人。

裴斯泰洛齐的贡献对于我们很有价值,因为他告诉了我们,学校里面所用的方法,非常重要。有了正当的方法,每个儿童——除非他是低能——都能够学着去读、去写、去唱、去算。我们不能够说,我们现在已经发现了最好的方法,最好的方法是随时在演进之中的。我们现在是时时刻刻在寻求新的、更好的方法,这本来是应当的,对的。

回头再说欧洲学校的历史。我们应当注意,正当教学方法发展到了某种程度以后,社会上便发生了一种很大的需要,需要一种能读能写能算,而且不必时时受人指导,大体能够独立做事的工人。那时候有一个口号,叫作"个个儿童要有学校"。现在个个儿童是被强迫送到学校里面去了。这种发展是由于我们的经济生活的状况和反映这等状况的理想。

以前在欧洲只有贵族有势力,只需要官吏和工人。预备置身高等地位的人便去进高等的学校,其余的人都根本不进学校。那时的教育制度就反映着当时的国家理想。现在的学校制度所反映的又是另外一套国家理想。我们的学校再不叫儿童安静地坐着,把手放在膝头上,一点不动了。我们现在学校里的儿童都是教师的朋友。儿童再不受权威的压迫,再不受人压迫,一味服从,他们现在可以较自立地去发展了。自然,在民治的美国,这种学校比较多,因为学校的发展,总是根据政府规定的国家理想的。

* * *

学校制度和国家理想、社会理想的关系都是有机的——这个我们已经知道,是由于它们的起源和组织的缘故,但是从心理学的眼光看来,这种关系对于学校之为教育机关,益处很是不少。从心理学的眼光看来，教育的主要目标是社会适应。而学校于儿童的社会性所能给予的指导，便比家庭容易得多，因为学校比较接近国家的理想，比较可以不受儿童的批评。学校对于儿童，并不放纵，它的态度比较公正得多。

　　反之，家庭里面便不是常常具有社会理想的了。我们时常发现传统的观念在家庭里面很占势力。只有父母本身对于社会已能适应，并且懂得教育的目标要社会化的，进步才能实现。唯有父母懂得这种道理，我们才可以找到有适当入学的教育和准备的儿童，正如他们在学校里为适应各自生活的将来要受相当的准备一样。学校是站在家庭与国家之间的，儿童在家庭与学校的发展，必得这样才算理想。

*　　*　　*

　　我们从以前的讨论看来，可知儿童的生活方式在生后四五年就已经固定了，再也不能直接加以改变。这件事实就指示了现代教育所应走的路。学校不应该批评儿童，责罚儿童，只可设法去锻炼，去教育，去发展儿童的兴趣。现代的学校不能够依照压迫与责罚的原则去做事，应该设法去了解，并且解决儿童的个人问题。

在另一方面，父母和儿童在家庭里面的关系非常密切，要父母为社会而去教育儿童，常很困难。他们教育儿童，为的是他们自己的利益，因此使得儿童产生一种倾向，和日后的生活恰恰互相冲突。这种儿童是一定会遇着极大的困难的。在儿童初进学校的时候，困难便已发生，毕业以后，困难更加厉害。

为要救济这种情形，自然必得使做父母的人受点教育。这件工作通常是不容易的，因为我们不能像支配儿童一样，常常去支配年长的人。并且即使我们能够教育做父母的人，他们对于国家的理想也是不大注意的。他们的传统观念很深，对于事物不愿去求了解。

我们对于做父母的人既然没有多少办法，我们只好随处多多传布这种道理。最好进行的地方就是学校。因为第一，学校里面的儿童很多；第二，生活方式如果有了错误，在学校里比在家庭表现得清楚些；第三，教员大概都是懂得儿童的问题的。

假如有正常儿童的话，正常的儿童与我们无关。我们不必去管他。假如我们看见儿童已有完善的发展，对于社会也能适应，最好的办法是不要去压迫他们。他们自己会前进的，因为这种儿童能够在有益的生活方面找出一个目标，去发展他们的自高心理。这种自高心理，既是在有益一方面的，所以并不是自高情结。

至于问题儿童、神经病者、罪人等等的自高心理和自卑心理，却都是在无益方面的。这种儿童，因为要去掩饰自己的自卑情结，于是生出一种自高情结。我们说过，自卑心理是人人都有的，但是一旦这种心理使他太失望了，进而走向无益的生活道上去了的时候，它便变成了情结。

所有这些关于自卑自高的问题，当儿童没有入学以前，就在家庭生活里面种了根的。儿童在没有入学以前，就养成了一种生活方式，我们把它叫作原型，以别于成人的生活方式。这种原型是个没有成熟的果子，并且同没有成熟的果子一样，假如里面有了什么毛病，比如有条蛀虫，它越发展越成熟，蛀虫便会越大。

我们已经知道，这种蛀虫或者困难的发生，是由于残缺器官所生的问题。自卑心理的起源，是由于残缺器官所生的困难，说到这里，我们又应该牢记，发生问题的并不是器官缺陷的本身，而是对于社会的不良适应。因为如此，教育才有实施的可能。一个人只要受到训练，能够适应社会，他的器官上的弱点有时不但没有害处，反而可以变得有益。因为我们已经知道，器官上的缺陷可以因为训练的缘故，产生一种极强的兴趣，支配个人的整个生活；假如这种兴趣是沿着有益的轨道走的，也许对于个人还有很大的好处。

这是全看器官的缺点与社会适应的关系而定的。比如有个儿童，只想看，或者只想听，做教员的便该使他发展和利用一切感官的兴趣。否则他与别的学生便会合不来的。

左偏的儿童长大了笨拙得很，这是我们大家都知道的。但是照例没有人知道他是个左偏的儿童，没有人知道他之所以笨拙是由于左偏的缘故。他因为是左偏，所以和家庭里面常常不和。我们知道，这种儿童变得不是好勇或蛮干——这是好处——便是变得抑郁乖戾。这种儿童带着问题进了学校之后，不是爱和人家争吵，便是颓丧消沉，易受激动，缺乏勇气。

除了器官有缺陷的儿童以外，还有很多的儿童在家里放纵惯了，到了学校也是成问题的。学校因为组织的关系，物质上决不能让某一个儿童永远做人家注意的中心。有时候也许某个教员确实很和蔼，心肠软，宠爱学生，但是学生是一级一级地升上去，被人宠爱的地位也是终究会失掉的。在后来的生活里，这种情形会更变本加厉。因为我们的文化认为一个人没有做出什么值得报酬的事而永为人家的注意中心是不对的。

这种儿童有一些固定的特性。他们对人生问题，不顶合宜，他们的野心非常之大，想去支配人家，但是为的不是社会。此外，他们总是爱和人家吵闹，对人家仇视。他们通常都是些懦夫，因为他们对于一切人生问题都没有兴趣。一个放纵惯了的儿童对于人生问题是没有准备的。

此外，我们在这种儿童身上，所发现的特性是小心谨慎，做事时常踟蹰。他们遇到人生问题，毫无办法，只是拖延下去。否则对于问题毫无办法，有了别的事情，便走开了，什么事都不能有始有终。

这种种特性，在学校里面比在家庭里看得明显得多。学校就像一个实验或化学实验，因为在学校里面，就可以看得出来，看一个儿童是不是对于社会和社会的问题能够适应。错误的生活方式在家庭里面常常可以不被发现，可是一到学校便不能隐藏了。

放纵惯了的儿童和器官上有缺陷的儿童，对于人生的困难都想摒绝不管，因为他们的自卑心理太强了，没有对付人生困难的勇气。但是我们在学校里可以支配那些困难，可以渐渐使他们能够解决问题。所以学校就成了一个我们可以真正施教，而不徒是灌输知识的地方。

除了这两种儿童以外，我们还要讨论一种被人憎恶的儿童。被人憎恶的儿童通常是丑陋的，被人误会的，残废的。无论在哪一方面，他们对于社会生活都没有准备。这种儿童在进学校的时候，对于三种儿童所受的最大困难，说不定他都全有。

所以我们知道，无论教职员愿意不愿意，对于这种儿童的本身，对于处置他们的最好办法，都得有种了解，那种了解工夫应该作为学校行政的一部分。

除了这些特殊的问题儿童以外，还有一种被人看作神童的儿童——分外聪敏的儿童。有时候因为他们在某种科目上面进步快些，所以他们在别的科目上也容易显得聪敏一点。他们是神经过敏的，富于野心的，不大为同伴所喜欢。儿童对于同伴之是不是能与社会相适应，是立刻可以觉到的。这种神童被人家羡慕，可是不被人家爱戴。

许多神童在学校过得很好，那是我们可以懂得的。但是他们一旦加入社会生活，便缺乏充分的生活计划。他们碰了人生三大问题——社会、职业、恋爱与结婚——的时候，困难便出来了。他们幼年时代的生活方式全都现了出来，他们在家庭里面之不能适应得好，至此便已显其影响。他们在家庭里面所处的是顺境，因而生活方式中的错误现不出来。可是一旦遇了新的情境，错误便立时涌出了。

最有趣的是一般诗人也懂得这种关系。许多诗人和戏剧家在他们的戏剧小说里面，把这种人的复杂的生活情形全给描写出来。比如莎士比亚所描写的一个角色，诺森伯兰（Northumberland），便是一个例子。莎士比亚是个心理学的内行，他描写诺森伯兰在没有遇着真正的危险以前，对于国王是很尽忠的。可是一遇真正的危险，他便临难叛变。莎士比亚知道一个人逢了困难的环境，他的真正的生活方式才暴露出来。不过所暴露的生活方式并不是困难环境的产品，而是早已养成了的。

个别心理学解决神童问题的方法，和解决别种问题儿童的方法一样。个别心理学者说"件件事情，人人能做"。神童总是希望心太大，总是被迫前进，总是太注意本身的利益，有了这句平等的格言，他们的锋芒便可稍减。采纳这句格言的人都能有极聪明的儿童，而儿童都不至自负，不至于野心太大。他们知道自己的成就是由于受了训练，有了好的机会。假如他们继续去受好的训练，那么，凡是别人所能有的成就，他们都可以达到。但是别的儿童，即使境况不如，所受的训练和教育也不如，只要他们的教员能使他们懂得方法，也可以作出一番好事业来的。

后面所说的这种儿童，或已把勇气失去了。所以，我们应该保护他们，使他们不受那种显著的自卑心理的影响。显著的自卑心理是我们任何人不能长久忍受的。最初，这种儿童所遇到的困难没有像现在在学校里所遇到的那么多。他们受不了那些困难，所以想逃学，甚至于根本不想进学校。他们相信自己在学校里不会有什么希望；假如他们这种想法真是正确的话，那么，我们也不能不承认他们的行动是符合的，是合理的。但是个别心理学不承认他们在学校里没有希望。个别心理学相信人人可以做出有益的工作。错误是常常有的，但是错误可以改正，儿童仍旧可以前进。

不过普通应付这种情境的办法颇不正当。儿童初进学校，受不了新的困难的时候，做母亲的便取一种关心的焦急的态度。学校的报告，儿童在学校所受的批评责罚，一经家庭方面的关心，便愈显得其严重了。常常一个儿童因为在家里能够放纵，是个好孩子，及到进了学校，因为失掉了家庭的接触，隐伏的自卑心理显了出来，便变得很坏了。那时候他便会憎恶平素放纵他的母亲，因为他觉得母亲欺骗了他。他对于母亲的看待便不似从前一样了。他因为焦虑着新的情境，便把母亲以前对他的一切行为和宠爱通通忘了。

我们常常看见有些儿童，在家里的时候是个爱打架的孩子，到了学校里面却是又安静又沉着，甚至于被人欺负。有时候母亲跑到学校，说："这个孩子使我整天忙死了。他专门爱打架。"先生却说："他在这里整天安静地坐着，一点也不动呢。"有时候情形恰恰相反。母亲跑来说："这个孩子在家里是很安静很温和的。"先生却说："他把全班都带坏了啊。"后面这种情形，我们是容易懂得的。儿童在家里是人家注意的中心，所以安静谦逊。在学校里面，他不是人家注意的中心了，所以和别人打架。反过来也是一样的。

比如有个八岁的女孩子，同学都很爱她，她在全班的功课也最好。她的父亲却跑到医生那里去，说："这个孩子非常狂虐，简直是个专制的魔王。我们对她再也忍无可忍了。"这是什么缘故？她是一个懦弱的家庭里的第一个孩子。只有懦弱的家庭才能被一个儿童这样蹂躏。后来另外生了一个孩子，她便觉得自己的地位有危险，可是仍希望自己能做人家注意的中心，所以她便开始吵闹。她在学校的时候，大家都很爱她，不必需要吵闹，所以她便较好。

有些儿童在家庭和学校都有困难。家庭和学校都以他们为苦，结果他们的错误便更加厉害。有些儿童在家庭和学校，身上都很不清洁。他们在家庭和学校的行为既然都是一样的，我们便应该从过去的事情里面去找原因。无论如何，我们对于儿童在家庭在学校的行动都要注意，才能诊断儿童所遇的问题。假如我们要去正确地知道儿童的生活方式和他努力的方向，无论哪一部分都是重要的。

有时候一个适应得很好的儿童遇了学校的新情境，也有不能适应的。如果儿童在学校里面，先生与同学都很与他作对，就往往有这种情形。我们可以从欧洲方面的经验举一个例，一个不是贵族的儿童，因为他的父母很阔，很自负，把他送到一个贵族的学校。他既然不是出身于贵族的家庭，所以全体同学都和他作对。他以前娇纵惯了，至少也舒服惯了，可是一朝之间，突然到了一种极其仇视他的环境里面。有时候，他的同学残酷极了，简直使他忍无可忍。不过他对于这种情形，回家之后，多半不提一字，因为他觉得那是可羞耻的。他只暗地里忍受他的磨难而已。

这种儿童到了十六岁或十八岁的时候，他们对于社会的行为要像成人一样了，对于人生问题也得挺身对付了，但是他们因为失掉了勇气，失掉了希望，常常突然停了下来。他们除了在社会方面感受困厄以外，同时在恋爱与结婚方面也感受了困厄，因为他们再也无法前进了。

碰了这样的事,我们该怎么办呢?他们的精力没有出路。他们和整个世界都隔绝了,或者觉得隔绝了。有些人因为要想损伤自己以使别人伤心,于是跑去自杀。有些人想隐退,于是隐到疯人院里。他甚至于连以前所有的一点点社交能力都失掉了。他说话离奇,不去接近别人,对于整个世界常常存着一种敌对的态度。这种情形,我们叫作早发性痴呆(dementia praecox)的精神病。假如我们想要帮助他们,我们便得想个方法,恢复他们的勇气。他们的病虽很厉害,但也有法子可以治的。

我们医治儿童教育问题的时候,既然要靠诊断他们的生活方式,现在顶好讲讲个别心理学的诊断方法。生活方式的诊断,对于别的许多事情,自然都有用处,但是在教育的实施上尤其缺少不得。

个别心理学除了直接研究儿童在发育期内的情形以外,又去探询儿童对于往事的回忆和对于未来职业的幻想,去观察他们的姿势和身体动作,去从他们兄弟的排行作某种的推论。这种种方法,我们都已经讨论过了，但是把儿童的排行再提出来说说，或者还是需要的，因为这方面的情形和教育进展的关系比别的方法更密切些。

我们知道，儿童排行的重要之点，在第一个孩子一度是独子，后来又不是的了。他一度享有很大的权威，但是结果终于失掉了那种权威。反之，在他以下的弟妹，他们的心理因为自己不是第一个孩子而又有所不同。

我们知道，做长兄长姊的人，常常是守旧的。他们觉得握权的人总该握权。他们把权威失掉，是件意外的事情；他们是非常羡慕权威的。

一家的第二个孩子的处境便完全不相同了。他不是人家注意的中心，他是有人领他往前走的。他时时刻刻想要追上前面的人。他不承认权力，但是想要权力改换主人。他觉得像赛跑一样，有种驱策，使他向前。从他的一切动作看来，都可知道他在注意前面的某一点，想要赶上去。他常常想改变科学和自然的法则。他的确是富于革命性的，——不是对于政治方面，是在社会生活方面，是在他的对人的态度方面。《圣经》里面有一个故事，讲到雅各（Jacob）和伊索（Esau）的事情，便是一个好例。

假如一个家庭有几个儿童，第二个生的时候前面的一个都差不多长大了，那么，最后的一个的处境便和最大的一个是一样的。

从心理学的眼光看来，家庭里面最小的儿童的地位最有趣味。所谓最小，我们的意思自然是指永远最小，再没有弟妹的一个。这种儿童的地位是有利的，因为他的地位再不至于被人家夺去了。第二个儿童的地位可以被人家夺去，有时候他会尝着和第一个儿童一样的悲剧，但是最小的儿童便终生不会遇着这种事情。所以他的处境是最好的，假如别的情形相等，我们知道，最小的儿童能有最好的发展。他和第二个儿童一样，精力极其充足，想要克服别人。同时他有领路的人，有争胜的目标。但是通常他与全家的人所走的路是不相同的。假如家里的人都是科学家，最小的儿童，说不定便是一个音乐家或者商人。假如家里的人都是商人，最小的儿童说不定便是一个诗人。他总要和家里不同一点。

因为另取途径，不在同一路上去竞争，事情要比较的易办；因此他便喜欢取一个与家里别人不同的途径。很明显的，这表示他多少缺乏勇气，因为假如他有勇气的话，他便会在同一途径上和人家竞争的。

我们要注意，我们根据儿童的排行所作的预测只是一种大体的趋势，并非一定如此。事实上假如第一个儿童是聪敏的，他便根本不会被第二个儿童征服，也就不至于尝到悲剧。这种儿童对于社会适应得非常好，他的母亲多半会把他的兴趣散布到别人，连新生的婴孩也在内。从另一方面看来，假如第一个儿童真个不能被人征服，第二个儿童便会感受很大的困难，他会成为一个问题。这样的第二个儿童结果是最坏的，因为他们常常失掉了勇气，失掉了希望。我们知道，儿童在赛跑的时候应该时时有个得胜的希望；一旦这种希望完了，一切便都完了。

独子也有他的悲剧，因为他在儿童时代全是人家注意的中心，他的生活目标是希望永远做人家注意的中心。他并不根据逻辑去推理，他只是根据他的生活方式去推论。

假如全家都是女孩子，只有一个男孩子，那个男孩子的地位也是困难的，也会成为问题。普通以为这种男孩子的行为常带女性，也未免形容太过。本来我们人人都是女子教育出来的。但是在这种情形之下，全家的目标既然都是为着女性的，自然也有一些困难。一个人到了别人的屋子里，他立刻可以知道那家人家是男孩子多还是女孩子多。陈设会不同，喧闹有多有少，秩序也会不一样。如果家里男孩子多些，破败的东西也便多些；如果家里女孩子多些，一切东西便都干净得多。

在这种环境之下的男孩子说不定会努力做出一个男性的样子，把男子的特性过分发展起来；否则他便和家里其他的人一样，长成一副女性的样子。总之，这种儿童，不是温柔和善，便是非常粗野。在后面这种情形，他常常想证明，想注重他是一个男子的事实。

许多男孩子中的女孩子也有同一的困难。她不是很安静，很有女性；便是男孩子所能做的事她也想做，想要长得和男孩子一样。在这种情形之下，自卑心理是很明显的，因为她是个唯一的女孩子，而周围的男孩子又比她强。她觉得自己"只是"一个女孩子，所以生出一种自卑情结。"只是"一词把整个自卑情结都表现出来了。她想和男孩子穿一样的衣服，后来长大了，她知道男子有什么性的关系她也想去实行，从这些地方，我们就可以知道她有一种作为抵补之用的自高情结。

* * *

我们结束关于儿童排行次的讨论的时候，可以讲讲一种特殊的情形，第一个儿童是男的，第二个儿童是女的。这两个儿童之间常常有极激烈的竞争。女孩子因为自己不独是第二个孩子，而且自己是个女的，所以往前尽赶。她受了更多的训练，所以成了第二个儿童一类的显著例子。她精力很足，很能自主；而她的哥哥呢，看看她在竞争中赶上自己了。我们知道，事实上女子在身体方面和心理方面都比男子发展得快，比如一个十二岁的女孩子便比同年龄的男孩子发育得快。男孩子看了这种情形,可是不知道是什么原因,于是他就觉得自己不如别人,想要放弃。他再也没有进步了。他掉个方向想要规避。有时候他的规避方法是弄艺术,有时候他却变成神经病者、罪人,或者疯狂。他觉得自己不行了,不够再比了。

这种情境,就是用"件件事情人人可做"的眼光也是难于解决的。我们所能做的一件大事是告诉那个男孩子,告诉他女孩子之所以似乎争了先,是因为她练得多些,所以得了较好的发展方法。我们也可以尽力指导女孩子和男孩子,叫他们不要竞争,去减少那种竞赛的空气。

第九章　社会问题与社会适应

个别心理学的目标是社会适应。这种说法，看去好像自相矛盾，其实即使矛盾的话，也只是字面上的矛盾而已。事实是这样的：我们必得注意个人的具体的心理生活，我们才能懂得社会因素的重要。个人也只有在社会的衬托之下，才能成其为个人。别的心理学派认为个别心理学和社会心理学是不相同的，但是我们认为并没有什么不同。我们在这本书上的讨论，直到现在为止，都在分析个人的生活方式，但是分析的时候，我们的眼光总是照在社会方面，我们的目的总在求于社会有点用处。

我们现在要继续分析，分析的时候要多多注重社会适应问题。我们所要讨论的内容还是一样的，不过不再注意生活方式的诊断，我们要讨论动态的生活方式和发展正当行动的方法。

我们在上章所讨论的是教育问题的分析，现在我们分析社会问题仍旧是要直接借重于教育问题的分析。学校和育婴园就是一种缩型的社会机关，我们可以在学校和育婴园里面研究简单化了的社会不良适应问题。

就以一个五岁男孩的行为问题为例吧。他的母亲跑到医生那里诉苦说她的孩子不安静，太好动了，非常讨厌。她总是被他缠得要命，一天下来，人都精疲力竭了。她说她再不能受她孩子的累了，如果可以把孩子分开，她心甘情愿让孩子搬出去。

从他这种行为看来，我们立刻就可以替那孩子设身处地想一想。假如我们听见一个五岁的儿童活动得太过了，我们便很容易想到他的行为是个什么样子。假如一个人在五岁的时候很爱活动，他会做出些什么行动呢？他会拖着笨重的鞋子爬到桌子上面。他会常常一身通脏，到处乱跑。假如母亲想要读书，他会把灯开了又关，关了又开。假如母亲和父亲想要弹琴或者合唱，你想他会怎么办？他会大声叫喊。否则他便会塞着耳朵，说他不爱听那种声音。他时常要这样，要那样，如果没有要得到手，他便会大闹脾气。

假如我们看看这种儿童在幼稚园的行动,我们就可知道,他是爱打架的,他所做的一切事情,其目的都在引起一场争斗。他一天到晚都不安静,弄得父母总是疲惫不堪。他本人是不会疲倦的,因为他和他的父母不一样,他所不愿做的事他就可以不做。他的目的只在不安静,使得人家不能偷一点空。

有一件特殊的事情,很可以表明这个孩子争斗的目的在使自己成为别人注意的中心。有一天他的母亲和父亲在一个音乐会弹琴唱歌,带他去了。他们正在歌唱的时候,他却喊了出来"喂,爹爹!"喊过之后,绕着厅堂走了一遍。这种行为是可以预料得到的,但是他的母亲和父亲却简直不知道是什么原因。虽然他的行为不是常态的,可是他们还以为他是一个常态的儿童。

不过,看他确是常态的;因为他对于人生有个聪明的计划。他所做的事情是对的,是合于他的计划的。假如我们知道了他的计划,我们便可以猜出他的行为。所以,我们可以说,他并不是个低能儿,因为低能儿对于人生不会有个聪明的计划。

当他母亲请了客来，要去招待客人的时候，他便会把客人推开，不让他们就座，如果有人要坐某把椅子，他便常常非坐那把不可。我们知道，这种行为也是合于他的目标，合于他的原型的。他的目标是要占优势，要支配人家，要常常得到父母的注意。

我们由此可以断定，他平素是个放纵惯了的儿童，他只要能够再度得到别人的放纵，他就不会争斗了。换句话说，他是一个失去了顺境的儿童。

他的顺境是怎样失去的呢？答案是，他一定有了一个弟弟或者妹妹。他在五岁的时候，处境已经不同了，他觉得自己的地位已经被别人占去了，所以想用斗争的方法去恢复已失的中心地位。因此，他便时时缠住他的父母。此外还有一个理由。我们知道，他对于新的情境没有准备，他是个放纵惯了的儿童，所以从来没有养成一点社会感觉。他不能适应社会。他只注意自己的本身，只注意自己的利益。

大家问他母亲，问他对于弟弟的行为怎样，她总说他是爱他弟弟的，但是每逢和弟弟玩的时候，总把弟弟打倒在地上。我们可以说，从他这种行为看来，他对于弟弟是没有多少友爱的。

*　　*　　*

我们要想完全了解这种行为的意义，我们应该把这种行为和我们常常遇见的好斗而并不常斗的儿童比较一下。那种好斗的儿童非常聪明，并不时时和人家去斗争，因为他们知道，他们的父母会阻止他们，不许他们常常打架。所以这种儿童时时停止斗争，行为很好。但是原有的行为还是可以重新出现的，比如这个儿童在和弟弟玩耍的时候，便把弟弟打倒。他的玩耍的目的实际上是要打倒他的弟弟。

他对于母亲的行为是怎样的呢？假如他母亲打他的耳光，他却好笑，说耳光伤不了他；假如母亲重一点打，他便可以安静一会，但是过不好久，又去打架去了。我们应该注意，他的一切行为都是由他的目标决定的，他所做的一切事情都是向着他的目标的，我们简直可以预先把他的行动猜测出来。

假如个人的原型不是一个整体，或者我们不知道原型的行动目标，那么，我们对于儿童的行为是预测不到的。

你可以想想这个儿童的生活情形。他进了幼稚园，他在幼稚园的经历我们是可以预先料到的。假如他被人家带到一个音乐会去，他在实际上的行动，我们简直可以预料得到。大体说来，在弱的环境里面，他会支配人家；在较难的环境里面，他会争着去支配人家。所以，假如幼稚园的教员是很严厉的，他在幼稚园便会住不长久。在那种情形之下，他便会想出种种的遁词。他会常常精神紧张，因为精神紧张，便可以弄出头痛、心神不安种种毛病。这种病征可以成为神经疾病的先兆。

反之，假如环境温柔快乐，他便可以觉得自己成了人家注意的中心。在这种情形之下，他甚至于可以变成全校的领袖——成为一个完全的胜利者。

我们知道，幼稚园是一个具有社会问题的社会机关。一个人不能不遵从社会的法则，他对于社会问题便不能不有点准备。儿童应该使自己对于这种小规模的社会有点益处，而他除了多多注意别人以外是不能有益于社会的。

公立学校的情形也是一样，这种儿童在公立学校所将遭遇的经历，我们也是可以想象得到的。在私立学校里面，情形比较好一点，因为私立学校的学生通常少些，学生可以多得到一点注意。在私立学校里面也许没有人能够看得出他是一个问题儿童。说不定他们还说："这是我们最聪明的儿童，我们最好的学生。"假如他是班上的领袖，也许他在家里的行为都可以变好。他只要在一方面占了优胜，他就可以心满意足了。

假如一个儿童进了学校之后，行为改变了，我们就可以相信他在班上的地位很好，他在班上自觉占了优势。但是普通的情形却恰恰是相反的。儿童在家庭里面很逗人爱，很服从，一旦进了学校便把全班的风气都弄坏了。

我们在上章已经说过，学校是站在家庭与社会生活之间的。假如我们采用那个公式，我们就可以知道我们所说的这种儿童走进社会生活之后，会要发生些什么事情。他在学校里面有时候可以得到的顺境，在社会生活里面是得不到了。有些儿童在家庭是很聪明的，在学校也是很聪明的，可是后来常常变得没有用处，一般人都觉得可怪。这是一种问题成人，他们是有神经疾病的，后来说不定还可以变成疯狂。这种情形是没有人懂得的，因为儿童时代的原型被顺利的环境遮住了，一直到成人生活里面才现了出来。

* * *

因此，我们对于处在顺境里面的有毛病的原型，应该设法去懂得，至少也应该知道处于顺境里面的原型是可以有毛病的，因为有毛病的原型在顺境里面极难得观察出来。有一些征象，可以看作原型有了毛病的具体表示。一个想要引人注意、缺乏社会兴趣的儿童，身上常常是不洁净的。身上一不洁净，他就可以占住别人的时间了。他不想睡，他晚上会哭，或者在床上遗尿。他喜欢焦急，因为他知道焦急可以当作一种武器，可以强迫别人去服从自己。

这种种的征象在顺境里面都是有的，只要注意这种征象，你大概就可以得到一个正确的结论了。

让我们看看这个原型出了毛病的儿童，到了将近成熟的时候——比如十七八岁吧——到底是种什么情形。他的生活后面还有一块腹地，那块腹地的情形很不容易捉摸，因为它根本就不是显明易见的。生活目标和生活方式都不容易观察出来。但是他在生活中不能不遇着我们所说的三大人生问题——社会问题，职业问题，恋爱与结婚问题。这三种问题都是我们有生以俱来的。社会问题包含我们对人的行为和我们对于人类、对于人类的前途的态度。这个问题里面包含人类的保存问题和人类的拯救问题。因为人生实在太有限了，我们只有大家合作，才能前进。

至于职业问题，我们可以从儿童在学校的行为去下个判断。我们可以相信，假如儿童就业的目的是在胜过别人，那他是难于找到那样一种职业的。要找一种职业，自己不做别人的下属，或者不必和别人合作，那可真不容易。但是这个儿童既然只知注意个人的利益，当个属员是弄不好的。并且这种人在商业上根本就难令人信托。他不能够为公司的利益而看轻自己的利益。

大体说来，我们可以说，要对社会能够适应，在职业上才能够成功。在商业上，如果你能够了解你的邻居和顾客的需要，能够用他们的眼去看，用他们的耳去听，用他们的感觉去感觉，那你占的便宜就不小。这种人就可以抢上头去，但是我们所研究的这个儿童却不能这么做，因为他所追求的常常是他个人的利益。进步所需要的因素，他只能养成一部分。因此，他在职业方面总会成为一个失败者。

这种人对于职业的准备，多半是没有完成的，至少就业是很迟的。他们说不定到了三十岁，还不知道自己打算在生活上做些什么事情。他们常常这门学了一下又学那门，这件事情做了一下又做那件。这就表示他们无论在哪方面都是不适宜的。

* * *

有时候我们看见一个十七八岁的少年，努力是在努力，可是不知道要努力做些什么。对于这种人，我们要能够了解他，要能够告诉他选择一种职业。他是还能够另起炉灶，对于某种事业发生兴趣，受到正当的训练的。

反之，这样年纪的儿童，不知道自己将来要做什么，也是一件讨厌的事。这种儿童常是做不出好多事业的。无论在家庭，或者在学校，我们都应该努力提起儿童的兴趣，使他们没到这种年龄以前就去想想将来的职业。在学校方面，可以出些作文题目，如同"我将来想做什么"之类的题目。假如要他们就这种题目去做文章，他们就实实在在遇到了职业问题，否则他们对于职业问题不到噬脐无及是不会去对付的。

*　　　*　　　*

青年所不能不对付的最后一个问题是恋爱与结婚问题。我们人类的两性既然是分别生存的，恋爱与结婚自然是个极其重要的问题。假如我们都是一性的，那么，情形便会大不相同。但是既有两性，我们在对待异性的行为方面，便不能不加以训练了。在下面一章，我们打算把恋爱与结婚的问题仔细讨论一下，在这里我们只要指明它和社会适应问题的关系就够了。社会兴趣的缺乏是社会的不良适应和职业的不良适应的原因，同时也是普通对于异性不能应付得当的原因。一个绝对以自己为中心的人，对于结婚生活是不会有正当的准备的。实在说起来，两性本能的一个主要目标似乎在把个人从狭隘的境界中拖出来，使他能够适应社会的生活。但是在心理上我们对于两性本能不能不将就一半，因为除非我们事先已经有种准备，能够忘记自己，把自己融合到一个较大的生命里面，两性本能的功用是不能适当地完成的。

关于我们所研究的这个男孩子，我们现在可以得到几个结论了。我们已经知道，他站在人生三大问题之前，心里感觉得失望深怕失败。我们已经知道，他个人有个自高的目标，把人生一切问题尽量摒绝了不理会。他所剩的是什么？他不加入社会里面，他对于别人都存着一个敌视的态度，他是非常之多疑，非常之出世的。他因为对于别人没有兴趣了，所以不管自己在别人看去是什么样子，常常衣衫破烂，周身恶浊，活像一个疯狂了的人。我们知道，言语在社会里是必要的，但是他却不愿意用言语。他根本就不说话——不说话是早发性痴呆的一种特性。

他因为自己把一切人生问题都隔绝了，于是他的行动都是一直向疯人院走的。他的自高目标使他和别人绝对的隔绝，使他的性欲也改变了，变成一个反常的人。他有时候想要飞上天去，有时候自以为他是耶稣，是中国的皇帝。他用这种办法去表示他的自高的目标。

我们常常说过，一切人生问题根本都是社会问题。我们知道，幼稚园、公立学校、朋友之间、政治方面以及经济生活等等地方，都有社会问题。所以很明显的，我们一切的能力都集中在社会方面，都是供人类利用的。

我们知道，社会适应的缺乏，起于儿时的原型。问题就在如何及早补救这种缺点。假如我们能够告诉做父母的人，使他们不独能够防止重大的毛病，并且能够诊断原型里面所出的毛病的细微现象，因而去改正那种毛病，自是顶好的事。但是事实上这种办法是没有多大用处的。愿意受教、愿意避免毛病的父母根本就极少。他们对于心理学和教育学的问题没有兴趣。他们不是放纵自己的儿童，就是对于那些不以白璧无瑕的宝贝看待他们的儿童的人，加以仇视，再不然就什么都不管。所以，靠做父母的人是没有多少办法的。并且在短时间内也不能使他们得到一种很好的了解。要使做父母的人知道他们所应该知道的事情，必得花费很久的时间。所以，顶好还是去请教一个医生或者心理学家。

除了医生和心理学家的个人工作以外，只有学校和教育可以产生最好的结果。儿童在没有进学校以前，原型里面的毛病通常是不大出现的。一个懂得个别心理学的方法的教员对于出了毛病的原型只要很短的时间便可以观察出来。她可以知道一个儿童是不是愿和别人在一起，是不是努力前进，想做人家注意的中心。她还可以知道哪些儿童有勇气，哪些儿童缺乏勇气。一个教育受得好的教员,只要一个星期就可以看出一个儿童的原型里面的毛病。

做教员的人是为社会做事的,所以改正儿童的错误的本领便比别人好。人类之所以设立学校,也是因为家庭的力量不足,不能教育儿童,使他们适合人生的社会需要。学校是家庭的延长,儿童的性情大部分是在那里形成的,他们对付人生问题的方法也是在那里学来的。

学校和教员应该有种心理学的见识,才能适当地完成他们的工作。将来的学校一定会要多多根据个别心理学做事的,因为学校的真正目的是在养成个人的性格。

第十章　社会意识常识与自卑情结

我们已经知道,不良的社会适应起源于有社会性的自卑心理与自高努力的结果。自卑情结和自高情结两个名词已经把不良适应的结果表明出来了。这种情结,并没有存在遗传素里面,也没有存在血流里面;它们只是因个人与社会的环境相接触而发生的。但是为什么不是人人都有自卑情结和自高情结呢?所有的人本来都有一种自卑的心理,都有一种求成功和自高的努力,这种心理和努力就构成了他们的心理生活。其所以不是人人都有自卑情结和自高情结者,是因为他们的自卑心理和自高心理受了一种心理机构的引导,被引导到了有益于社会的路上。这种机构的来源是社会兴趣、勇气和关心社会的态度或常识。

让我们把这种机构的起作用和不起作用的情形都研究一下吧。我们知道,当自卑心理不很厉害的时候，儿童总是努力向上的，他的努力总是在有益的生活方面的。这种儿童，为要达到他的目标，对于别人是很关心的。社会意识与社会适应，是正当的，并且常态的补偿方法，从另一方面说，我们几乎不能找到任何人，无论儿童或成人，力求自高而不终于有这样的发展。我们找不出一个人真会说"我对于别人没有兴趣"。他的行为也许对于别人没有兴趣——好像他对于全世界都没有兴趣——但是他到底不能自圆其说。他为得要遮掩自己没有社会兴趣起见，只有反而自命对于别人具有兴趣的。这就是一个无言的证据，可以证明社会意识的普遍性。

但是不良适应实际上是有的。我们可以看看一种边际实例，去研究不良适应的起源。所谓边际实例，是说有自卑情结的存在，但是因为环境顺利，自卑情结没有公开表示出来。自卑情结是隐藏着的，至少也有一种把它隐藏的趋势。所以，假如一个人没有遇着困难，他看去好像是心满意足了。但是假如我们仔细考察一下，我们就可以知道他实实在在表示了他是觉得自卑的；即使不用言语或意见表示，至少也用态度表示。这就是一种自卑情结，是过分的自卑心理的结果。大凡患着这种情结的人，因为只知一味注意自我，弄得自己太难过了，总是在寻求解脱的。

有些人把自己的自卑情结隐藏起来，但是有些人却自己承认，说"我是患着自卑情结的"，这倒是一件很有趣味的事情。自己承认的人，因为敢于承认，总是得意扬扬的。他们觉得自己比别人伟大，因为他们敢于承认了，而别人不敢。他们自己以为"我是诚实的。我对于我所患着的毛病一点儿不隐讳"。但是他们承认自己是有自卑情结的时候，他们同时就给出一种暗示，暗示着他们的困难应该由他们的生活方面或者别种环境方面的困难负责。他们也许怪他们的父母或家庭，也许怪自己的教育没有受得好，也许怪某种意外的事情，别人对他们的束缚和压迫，或者怪别的种种事情。

自高情结是抵偿自卑情结的，自卑情结常常可以被它隐藏起来。有这种情形的人是傲慢的、粗鲁的、自负的、势利的。他们最注意外表，而不大注意行动。

这种人最初努力自强的时候，当众讲话便有点害怕，他后来便以这种原因去原谅他自己一切的失败。他说："假如我当众讲话不害怕的话，我什么事情不能做呢？"这种附有"假如"的话的后面通常都是藏有自卑情结的。

自卑情结又可以从许多别的性质看出来，如同狡猾、谨慎、迂腐、摒斥较大的人生问题，寻求狭隘的、受着种种原理规则的限制的活动范围。假如一个人常常靠着一根手杖，那也是一种自卑情结的表现。这种人对于自己没有信任的心思，并且我们可以看出他是有奇怪的兴趣的。他常常把时间精力用在细微的事情上面，如同收聚报纸，收聚广告之类。他们把时间这样浪费，可是总是自己原谅自己。他们在无益的方面走得太多了，长此下去，是可以酿成强迫神经病的。

*　　*　　*

一切问题儿童，无论他们在表面上表现的是什么问题,通常都藏有自卑情结。比如懒惰,实在就是摒斥重要人生工作的一种方法,是自卑情结的一种表现。偷窃就是利用别人的不安全、不注意;欺骗就是没有说出真情的勇气。儿童所有的这种种表现,其原因都是一个自卑情结。

神经病是一种发展了的自卑情结。一个患着焦躁的神经病的人,他什么事情不能做。他时时刻刻努力找人去陪着他;假如有人陪着,他的目的便达到了。他受着别人的扶助,别人也受着他的牵累。从这里我们可以知道自卑情结变成自高情结的情形。别人应该服侍他!神经病者得到了别人的服侍,他便自以为比人家高了。癫狂的人也有同样的发展。他们因有自卑情结而取摒绝外缘的政策,因摒绝外缘而受到困难,受到困难以后便运用想象,把自己看作伟大的人物,于是他们便成功了。

在这种种情结发展的情形之下,个人之所以不能在社会的、有益的路上去做事,是因为个人缺乏勇气的缘故。他们因为缺乏勇气,所以不能走上社会的大道。除了缺乏勇气以外,同时还有相附而来的智力上的缺点，不能了解应走社会那条路的必要与利益。

所有这种情形，在罪人的行为里面都表现得最清楚。罪人的自卑情结确是最厉害的。他们的为人是懦弱无益的，是愚鲁乏味的；他们的懦弱，他们对于社会的愚鲁，合起来就是一个趋势的两方面。

酗酒也可以根据同样的道理去分析。酒徒不能解决问题，所以去寻解脱；他们太懦弱，所以对于无益的安慰也很心满意足。

这种人的观念智力和与常态的人的勇敢态度相伴而来的社会常识，是截然两样的，绝不相同。打个譬喻，犯罪的人就常常原谅自己，责备别人。他们怪工作的情形不好。他们怪社会太残酷了，不供养他们。再不然他们就说肚皮饿了，压制不住。一到审问的时候，他们常常有话可辩，如同一个谋杀儿童的凶手希克曼（Hickman）所说的一样："我是奉了上头的命令做的。"另外有一个凶手，在被审判的时候说："像我所杀掉的这样一个儿童，试问他有什么用处？世界上的儿童有的是呢。"此外还有"哲学家"，他认为许多有价值的人都在饿着肚皮，杀掉一个很阔的老妇人是没有什么要不得的。

像这样的辩论，在我们看来是不值一驳的，实际上也的确不值一驳。他们的整个看法的决定，是由于他们的无益于社会的目标，正同他们的无益于社会的目标的决定，是由于他们的缺乏勇气一样。他们不得不常常替自己辩护。至于有益的生活目标，那是不必说话的，它不需要任何辩护。

让我们看看几个实际临床的病案，从那些病案看来，可以知道社会态度和社会目标是怎样变成反社会的。第一例是个女孩子，将近十四岁了。她生长在一家诚实的家庭里。她的父亲是一个努力工作的人，在他能做工的时候，他总供养他的家庭，但是后来病了。她母亲是个又好又诚实的女子，对于子女非常之关心，她一共有六个子女。她第一个孩子是一个聪明的女儿，在十二岁的时候死了。第二个女儿身体有病，不过后来好了，得了一个职业，供养她的家庭。底下就是我们所说的这个女孩子。她的身体常是非常健康的。她的母亲给那两个有病的女儿和丈夫累够了,所以没有多少时间来照顾她。我们以后叫她作安妮(Anne)。此外她还有个弟弟,也很聪明多病。这样一来,安妮便挤在两个被人怜爱的儿童中间了。她是一个好孩子,但是她觉得自己不像别的孩子一样,能得到怜爱。她诉苦,说被人家轻视了,被人家压迫了。

但是安妮在学校的功课很好。她是学校里面最好的学生。因为她的功课极好,所以她的教员劝她继续求学,她只有十三岁便进了中学。她在中学的新教员不喜欢她。也许她才去的时候的确不是个好学生,但是因为没有人看得她起,她便愈变愈坏了。她以前能够得到教员的赏识,她并不是个问题儿童。她以前所得的报告很好,同学也很爱她。但是一个个别心理学家还是可以从她的友谊里看得毛病出来。她常常批评她的朋友,想要支配他们。她想要自己成为别人注意的中心,要别人恭维她,但是决不愿意受人家的批评。

安妮的目标是在得到别人的赏识,得到别人的喜爱,得到别人的照顾。她知道只有在学校里才能达到这个目标，在家里是不行的。但是她一到新的学校，赏识便没有了。教员骂她，硬说她的准备不充分，给她不好的报告，所以，最后她终于逃学了，简直几天不回学校去。等她再回学校，事情便更糟了，结果，教员便要她退学。

退学是没有用处的。据学校和教员说，他们是没有办法解决她的问题了。但是假如他们不能解决这个问题，他们应该请教别人才是，别人也许能帮一点忙的。也许和她的父母谈谈，可以让她转个学校试试。也许还有别的教员，对于安妮能够多了解一点。但是她的教员不那样想；他想"假如一个儿童逃学，学业退步了，她就应该退学"。这种想法就是一种私见，不是常识，做教员的人是特别需要常识的。

以后的事情，我们简直可以猜测得到。她在人生方面的最后把握已经失掉了，她觉得一切事情都在使她失望。她因为被学校斥退了，以至于连在家里所得的一点点的赏识都丢了。因此，她便逃出家庭，逃出学校。她几天几晚没有出现。最后才知道她和一个兵士发生了恋爱关系。

她的行动，我们很容易懂得。她的目标是要被别人看得起，从前都是一直在有益方面走的，但是现在她开始走到无益的方面去了。这个兵士最初是赏识她，爱她的。但是后来她家庭接了她的信，说她已经怀了孕，打算服毒。

她之写信给她的家属，是和她的性格相符合的。她平素总是希望得到赏识，一直到她回家以前，都是如此。她知道她的母亲很着急，回家是不至于挨骂的。她觉得她家庭一定很高兴她回去。

处理这种情形，最重要的是一种设身处地的能力，要能够用同情的态度把自己放到别人的地位。这个孩子想得到别人的赏识，是在朝着这个目标前进。假如有人要替这种人设身处地想一想，他便应问问自己："假如我处在这种境地，我会怎样办？"性别与年龄是应该注意的。我们对于这种人，应该常常鼓励她，但是要鼓励她向有益的方面走。我们应该使她能够想："也许我应该换个学校，但是我并没有退步。也许我的训练不够，也许我的观察不对，也许我对于学校太拘私见了，不能了解我的先生。"假如我们能够给人家以勇气，一个人是可以在有益方面走的。勇气的缺乏和自卑情结连在一起就把一个人毁了。

让我们另外说一个人，来代替这个女孩子。比如一个和她年龄相同的男孩子，可以变成一个罪人。这种情形是常常有的。假如一个男孩子在学校里失掉了勇气，他便可以流荡在外，加入青年们的帮伙。这种行为是容易了解的。当他失掉希望，失掉勇气的时候，他做事便很迟缓，他便私造图章，去得到学校的原谅，他自修也不做了，只去寻求逃学的地方。他在那种地方，便得到了同伴，那些同伴都是过来人，于是他便成了帮伙里面的一员。他对于学校完全失了兴趣，越久越养成了一种私见。

* * *

讲到自卑情结，大家就常常发生一种联想，以为一个人是没有特殊能力的。意思是说，有些人有天才，有些人没有。这种意见的本身就是一种自卑情结的表现。在个别心理学看来,"件件事情,人人能做",若是一个男孩子或女孩子没有遵守这句格言的勇气,自己觉得不能够在有益的生活方面达到这个目标,那么,那便是一种自卑情结的表征。

我们通常相信遗传特性,那也是自卑情结的一部分。假如这种信仰真是对的——假如成功完全靠着天生的能力——那么,心理学家便没有一点用处了。但是实际上,成功要靠勇气,心理学家的工作是在把失望的心理改变成一种有希望的,然后才能使人重振精力,做出一番有益的事业。

我们知道,有时候一个十六岁的青年被学校斥退了,失望之余,因而自杀。自杀是一种报复的行为,是对于社会的一种诅咒。这是青年用私见不用常识去信任自己的方法。碰了这种情形,唯一的必需的办法就是使他回头,给他勇气,去走上有益的道路。

此外我们还可以举出许多例子。一个十一岁的女孩子,家里不喜欢她。家里对于别的孩子都很喜欢,所以她觉得自己是不需要的了。于是她变成了一个乖戾、好斗、不服从的孩子。这种情形我们是很容易分析的。她觉得人家看她不起。最初她还想法子挣扎，但是结果失望了。有一天，她开始去偷东西。在个别心理学者看来，偷东西犯罪事小，儿童的自肥事大。一个人除非觉得受了人家的剥削，否则不会做出自肥的行动。所以她之偷窃东西是因为她对于家庭没有爱情，因为她是失望了。我们应该常常注意，儿童开始偷东西的时候，总是觉得自己受了人家的剥削。他们的感觉也许是不对的，但是无论如何，那种感觉是他们偷东西的心理上的原因。

此外又有一个八岁的男孩子，他是一个私生子，容貌很丑，住在义父义母的家里。他的义父义母不大关心他，对于他的行动也不加以约束。有时候他的母亲给他一点糖果，那就是他的好运到了。但是糖果是不多的，这个可怜的小孩子可就非常难过。他母亲嫁的是一个老头子，生了一个女孩，这个女孩就是老头子的唯一的宝贝。他对于那女孩子总是溺爱的。他们两口子之所以还把义子留在家里，只是因为不愿出钱把他寄养到外面的缘故。老头子每逢回家的时候，总给他的女孩带些糖果，可是一点也不给他的义子。结果，那男孩子便开始去偷糖果。他觉得自己受了人家的剥削，要想法子自肥，所以只好去偷。他父亲因为他偷窃，打他，可是他仍继续地偷。也许有人以为这个孩子能够不顾鞭打，继续地偷，可算是有勇气了，其实这是不对的。因为他总有不要被人家发觉的希望。

　　这是一种被人憎恶的儿童，他从来没有与人平等相处的经验。我们应该使他回头。我们应该给他一个机会，使他与人平等相处。等他知道替人家设身处地的时候，他就会明白他义父看见他偷东西的时候起的是一种什么感觉，那个小女孩看见自己的糖果不见了的时候起的又是一个什么感觉。我们由此可以知道，社会意识的缺乏，了解力的缺乏和勇气的缺乏，三者联合起来，是可以形成一个自卑情结的。这里所讲的是一个被人憎恶的儿童的自卑情结。

第十一章　恋爱与结婚

恋爱和结婚，都得事先有种正当的准备。第一件应该准备的事情，便是要和人家合得来，要和社会适应得好。除了这种一般的准备以外，同时从很小的时候起，一直到成年成熟的时候止，对于性的本能方面，也要加点训练。这种训练的目的，在使一个人结了婚有了家庭之后，性的本能得到正当的满足。人在生后，只要几年工夫，便已具了一种原型。后来他在恋爱与结婚方面的一切能力、缺点和倾向，在这原型之中，全都可以找得线索出来。所以，我们只要看清了一个人在小时候的特性，我们对于他到成年所逢的困难，便都可以"迎刃而解"了。

恋爱与结婚两件事情里面所发生的问题，其性质与一般社会问题是一般无二的。那里具有同样的困难，那里需要同样的努力。恋爱与结婚不是个乐园，一切事情并不都如我们的愿望。恋爱与结婚，自始至终需要努力；而且努力的时候，随时都要顾到对方的利益。

恋爱与结婚不比普通的社会适应问题，它还需要一种特别的同情心，一种特别的能力，去替对方设身处地的设想。假如现在的人，真是少有对于家庭生活能做正当准备的话，那便是因为他们不知道用对方的眼去看，用对方的耳去听，用对方的心去觉的缘故。

我们在前面各章中所讨论到的，多半是关于一种长大了只顾自己不顾别人的孩子。这种孩子是不会因为身体性能成熟了而一旦改变其性质的。他对于社会生活固然没有准备，就是对于恋爱与结婚，也是同样没有准备的。

社会兴趣，本是逐渐培养成功的。只有那些从小受过社交训练，平素注重有益生活的人，方能真个具有社会意识。因此，我们要去认明某一个人对于性的生活是否很有准备，倒也并不困难。

关于有益生活，我们已经说过一些。大凡过着这种生活的人，都很勇敢自信。有了问题，敢于对付，能想办法。他有同志，够朋友，睦邻居。缺乏这种性质的人，便是不够信托，不够恋爱，不够结婚。反过来说，假如某人有了职业，而且做事也很顺手，也许他便快结婚了。我们是在见微知著。微末的事情却有重大的意义，因为可以从此看出一个人是不是具有社会的兴趣来。

我们懂得了社会兴趣的性质，便可知道：只有站在完全平等的立场，才是解决恋爱与结婚的唯一好办法。彼此容忍，才是基本的重要的事情。至于一方对于对方是否尊重，那倒无关宏旨。恋爱的本身不能解决什么问题，因为恋爱的种类就太多了。唯有立下平等的基础，恋爱方能走上正当的轨道，结婚方有幸福。

结婚以后，无论男的女的，若是存下一个征服对方的心思，结果便会糟糕。若是还没结婚，便有这种态度，那就不是一种正当的准备，结婚以后的一切事实是会证实这句话的。没有什么可以征服的地方，哪能有征服者的存在！结婚这件事情所需要的是一种顾及别人的态度和一种设身处地的能力。

*　　*　　*

现在我们要讨论到结婚所需要的特殊准备了。这便牵涉到了关于性诱本能的社会意识的训练问题。我们知道,事实上每个人从小时候起,心目中便早有了一个理想的异性。如果是个男孩子,他的母亲便很可以构成他的理想中的异性,他会时时刻刻想找一个像他母亲一样的女子,做他的终身伴侣。有时候母亲和儿子之间,关系很不圆满,那么,他所要物色的女子,说不定是那与他母亲刚刚相反的一类。所以,儿子与母亲的关系,可以影响到儿子后来所娶的妻子的种类,而且影响非常密切,我们便从眼睛、身材、发色等等方面都可以看出来的。

我们又知道,假如母亲是个专权的角色,压迫儿子,那么,她的儿子一旦到了应该恋爱和结婚的时候,也会没有勇气去恋爱和结婚的。在这种情形之下,他的理想的异性会是一个懦弱驯顺的女子。如果他自己是个好勇斗狠的人,结了婚以后,便会和他的太太争斗,一心只想去支配他太太的。

我们从此可以明白，儿童时代的一切征兆，到了恋爱的时候是会加重表现的。一个患着自卑情结的人，他在性的方面的行为，是可以想象得到的。也许因为他自己觉得懦弱自卑，所以常常需要别人的扶助。这种人的理想的异性常常是要具有母性的人。有时候为要遮掩自己的卑弱，他在恋爱方面也许取个相反的方向，变得骄慢无礼，攻讦侵袭。假如他的勇气不足，他的选择范围也便很小。也许他便选上一个好勇斗狠的女子，以为一旦克服了这种难于克服的女子，更加光荣。

无论男女，若是采取这种办法，结果都是不会好的。为得满足一种自卑情结或者自高情结，而把性的关系来作牺牲，那是愚妄而且可笑的。可是事实上却常有这种事情发生。我们只要仔细考查一下，便可知道许多人都把配偶作了牺牲品。他们不知道性的关系是不能为着这等目的而受牺牲的。因为假如一个人想要征服对方，对方便也想要征服他。这样一来，共同生活便不可能了。

有些人选择配偶，很有些怪僻的地方；除了满足情结的一个观念以外，是很难用别的方法去了解的。有些人选上一种懦弱多病或者年老的配偶，便是这个道理。他们之所以要选弱的病的老的，因为弱的病的老的容易对付一些。有时候他们选上一个结了婚的，这是因为他们对于问题不求解决的缘故。我们有时候看见一个人同时恋爱两个男的或者两个女的，因为我们已经说过"两个女的抵不了一个女的"。

我们已经知道，一个患着自卑情结的人，总是不安于自己的职业，不敢对付一切问题，做事也是有始无终。一旦碰到恋爱问题，行为还是一样。其所以恋着结了婚的，或者同时恋着两个人，便是满足他的习性的一种方法。此外也还有别的满足的方法，如同过久的订婚期间，甚至长期地过着求爱的生活，可是始终不去结婚。

纵容惯了的儿童，结婚以后，仍是一副纵容惯了的脾气。他们希望得到对方的纵容。这在求爱的时候，在结婚的头几年，倒还没有什么危险；可是久而久之，事情便会麻烦。夫妻两方，都是纵容惯了的人，结果如何，我们是可以想象得到的。两口子都想得到对方的纵容，可是谁都不愿意去纵容对方。这情形便活像他们两口子面对面地站着，彼此都希望得一些什么，可是彼此都不给出什么。于是两口子都觉得自己没有得到对方的了解。

若是一个人觉得自己的为人被人家误解了，觉得自己的行动被人家剥夺了，结果如何，便已可想而知。他自己觉得赶不上人家，要脱离苦海。这种想法，在结婚生活中最危险，如果自觉完全失望，那危险更大。一旦有了这种念头，报复的心思便会乘机而入。他便想要使得对方的生活也不安宁。最普通的办法便是不贞。不贞常是一种报复的举动。的确，不贞的人们常常谈情说爱，以自掩饰，可是那种情爱的价值，我们是明白的。情感与自高的目标，常是殊途同归的，可是不能作为不贞的辩护。

关于这个问题，我们可以举出某一个纵容惯了的女子的事情作个说明。那个女子嫁了丈夫，她丈夫常常觉得自己被他兄弟欺侮了。所以他看见了这个唯一的女子，便被她的温柔美丽所吸住了；而这个女子也时常希望人家欣赏她，喜爱她。他们的结婚生活很是快乐。后来生了一个孩子，事情的结果是可以预想得到的。太太希望自己是她丈夫注意的中心，可是孩子来了，她怕孩子夺去了她的地位。所以，她对于孩子的出生，是不大高兴的。而在她的丈夫呢，也希望太太喜爱他，也怕孩子夺了他的地位。这样一来，丈夫和太太都疑心生暗鬼。他们也许对于孩子没有大意，是很好的父母，可是他们总是时时刻刻觉得彼此的爱情会要减退。这种疑心是很危险的，因为假如夫妻中的任何一方对于对方的一言一动辄加以推测，他是很易觉得或怀疑对方的爱情的减退的。后来，果然双方都有这种感觉。于是丈夫便在放假期内到巴黎去旅行，去自寻快乐；妻子呢，刚生了小孩，留在家里养息，看护孩子。丈夫从巴黎写回绮丽的家信，告诉太太，说他在巴黎如何的快乐，如何的遇着各种各色的人。太太觉得自己是被遗忘了。她没有以前那样快乐了，她精神抑郁，患了"畏旷场病"（agoraphobia）。她再不能单身外出了。等到丈夫回家，她丈夫总得陪着她在一块儿。在表面上看起来,她现在成了她丈夫注意的中心,总算达到她的目的了。可是这不是一种正当的满足,因为她觉得一旦她的病魔不见了,她的丈夫也会一同不见了的。因此,她便继续害着"畏旷场病"。

在她害病的期间,她发现一个医生对于她很是小心小意的。在这个医生的调护之下,她的疾病便好得很多。于是她便把她全部的友情完全倾注到这个医生身上。后来医生看见她的病已好了一些,就离她而去。她写一封绮丽的信给那医生,向他道谢,医生却没给她回信。从此以后,她的病又转厉害了。

这回她就转着一种念头,想和别的男子奸通,去报复她丈夫。可是她有"畏旷场病",她一个人不能出去,总得她的丈夫伴着她。因此,她的不贞观念也就没有实现。

我们看见婚姻中竟有这么多的岔子,一定会生出一个问题:"这些岔子都是不可避免的吗?"

我们知道,这些岔子都是从儿童时代就种了根的。我们又知道,错误的生活方式是可以改变的;

改变的方法，在认明儿童时代的特性。因此，我们可以设想：我们能不能够组织一个顾问会，根据个别心理学的方法，去解除婚姻问题中所发生的岔子。会里面的人员，应该受过训练；他们应知道个人生活中的一切事件都是互相关联的，他们对于请求顾问的人应有一种同情的设身处地的能力。

这种顾问会不该说"你们意见不合，你们总是吵嘴，你们应该离婚"。离婚有什么用处？离婚以后又怎么办？大凡离婚的人，又要结婚，又要过着同样的生活。我们有时候看见一些人离了多次的婚，结果还是再要结婚。他们尽是重演着他们的错误。有了这种顾问会，像这样的人便可以到会里请问，看他们拟议中的婚姻或者恋爱是不是能有好结果。他们若要离婚，也可以事先到会里问问的。

*　　*　　*

有许多错误，在儿童时代便已发现了，不过当时看去没甚要紧，一到结了婚，才见得关系很大。有些人时时以为自己会失望。有些儿童从来没有快乐过，他们总怕失败。有的是怕自己的地位会被别人排挤，自己所获的宠爱会被别人夺去；有的是从前受过一种困难，总以为那种困难会再发生，因而无缘无故地惧怕。我们很易明白，儿童时代有了这种恐惧，一到结婚以后，是会生出嫉妒与疑心的。

在女子方面，还有一种特殊的困难，她们觉得自己不过是供男性玩弄的一个玩物，而男性总是不贞的。有了这种观念，存在心里，结婚生活自然是不会有快乐的。假如夫妻的一方，先存了一种成见，以为对方总会不贞，那还有什么快乐。

一般人对于恋爱与结婚，总是时时请教，看起来好像恋爱与结婚便是人生最重要的一个问题。其实在个别心理学的眼光看来，虽然恋爱与结婚的重要性并不可以忽视，但也并不就是最重要的问题。在个别心理学上，人生问题都是一样的重要，没有什么哪个比哪个重要些的。假如有人把恋爱与结婚特别看重，给它一个最重要的地位，那便失去了人生的和谐了。

恋爱与结婚本来不必看得如此重要，而在一般人心目中竟然看得如此重要者，乃是因为恋爱与结婚不比别的问题，我们关于它的知识，没有受过任何正式教导的缘故。请你们想想我们所说过的人生三大问题。关于第一个，社会问题，里面包含着我们对人的行为问题，我们从小便已受了训练，教我们在团体里怎样动作，我们很小就学了。我们在职业方面，也已受过正式的训练。关于这些技术，我们有先生来教导，有书本来指点。可是指点我们去准备恋爱和结婚的书本在哪里？是的，讲到恋爱与结婚的书本真也不少。一切的文学书都是讲的恋爱的故事，可是讲到快乐婚姻的文学书却不多见了。因为我们的文化和文学的关系非常密切，所以人人的注意都集中在文学中所描写的男男女女身上，而那些男女的处境却又总是困难的。然而一般人对于结婚的小心，而又过分小心，那也无怪其然了。

　　人类从最初的时候起，本来就是这样的。我们一看《圣经》，便可看到一个故事，说是一切烦恼都是女子引起的，自此以后，男女在恋爱生活中，总是受到极大的危险，我们的教育实在也太严谨了。

假如教育不把男女孩子训练得像要他们犯罪一样，掉个方向，教男孩子在结婚生活中能尽男子的本分，教女孩子在结婚生活中能尽女子的本分——但是要使他们自己觉得男女是平等的——教育之效，一定会更好一些的。

在这方面，女子之自觉不如男子，便是我们的文化已经失败了的好证据。假如读者不相信的话，让他看看现在一般妇女挣扎的情形。他便可以知道：现在一般妇女总想征服别人，她们的发展的训练，都远过于实际的需要。她们比男子更加只顾自己，不顾别人。将来的妇女，应该多养成一点社会的兴趣，不要只求利己，不顾别人。但是要能达到这个目的，我们先得去掉那种以为男子具有特权的迷信。

* * *

现在让我们举一个例，去表明一般人对于结婚一事是何等的缺乏准备。有一个少年带了他的年轻貌美的未婚妻在跳舞会里跳舞。他偶然把眼镜掉在地上；当他去拾取眼镜的时候，几乎一下把他的未婚妻碰倒在地下，把一般看众都吓坏了。后来一个朋友问他："你到底怎样的？"他却答道："我不能让她把我的眼镜踏坏了啊。"我们知道，这个少年对于结婚便是没有准备。实际上那女子也没有嫁他。

后来他跑到一个医生那里，说他正在害着忧郁病（melancholia），正和一般太顾自己的人一般结果。

要晓得一个人对于结婚是不是有了准备，可供参考的征兆真是多极了。比如某人就业很迟，其就业之迟，又无充分的理由，在恋爱方面，你便不必相信他了。因为这件事情可以证明他的态度是踟躇的。这便是对于人生问题缺乏准备的一个征兆。

假如夫妻两口子中间，有一个人常常爱去教训对方，批评对方，那也就是一种缺乏准备的征兆。神经过敏也是不好的，因为神经过敏便是自卑情结的一个标志。没有朋友的人，在团体里面合不来的人，对于结婚生活也是没有准备的。择业很迟也不是一个好兆头。悲观的人是不宜于结婚的，因为悲观就是没有勇气去对付问题的表示。

虽然上面举的不宜结婚之点很多，但是要选一个合适的对象，或者最好说一个大体合适的对象，也并不困难。我们不能希望找到一个理想的对象。实际上，假如我们看见有人在找一个理想的对象而始终没有找到的时候，我们便可断定那人是在吃着踟蹰的态度的亏。这种人根本就没有想去进行的。

德国有个老法子，去测验一对男女是否有了结婚的准备。在德国的乡下，有种习惯，他们把一具两头有柄的锯子交给男女两人，叫他们一个握着一端，去锯一枝树干，所有的亲戚亲属都站在旁边看着。锯树的工作，两人都有份的。每人都要注意对方的动作，自己的一扯一送都要合着对方的一扯一送的。所以这种测验确是测验男女宜于结婚与否的好办法。

最后，我们可以重述我们的主张：我们认为恋爱与结婚这个问题，只有与社会适应得来的人方能解决。多数的岔子，都是因为缺乏社会兴趣的结果；这等岔子，只有当事的人有了改变，方能免除。结婚是两个人的事情，而我们所受的教育，不是叫我们一个人单独做事情，便是叫我们做许多人合做的事情，从来没有叫我们做过两个人合做的事情的。不过，我们虽然没有受过这种教育，只要男女两方都能认清自己性格上的错误，以平等的精神去解决一切事情，婚姻问题仍是可以正当解决的。

最高的婚姻形式是一夫一妻制，这是差不多不用说的。有些人根据伪科学的立场，主张一夫多妻制更适于人类的天性。这种主张我们是不能接受的，其所以不能接受的理由，乃是因为在我们这种文化之下，恋爱与结婚是一种社会事情。我们结婚，不独是为得到私人的好处，间接也是为得到社会的好处。分析到最后，婚姻的目的原是为的种族。

第十二章　性欲与性欲问题

我们在上章所讨论的，是关于恋爱与结婚的常态问题。我们现在所要讨论的，仍旧是恋爱与结婚的事情，不过转到了更加特殊一点的方面。我们要讨论性欲问题，和性欲问题对于那些实际上的或者想象中的变态行为的关系。我们已经知道：大多数人对于恋爱问题所有的准备，所受的训练，全都不及他们对于别的人生问题的准备和训练那样充分。讲到性的问题，这个结论尤其不错。性欲问题方面应该肃清的迷信，尤其不少。

最普通的一种迷信是关于遗传特性的。他们相信性欲有强弱之分，所以有强有弱，乃是由于遗传，是无法改变的。我们知道，遗传问题是最容易被人家当作口实，用作遁词的；而这种遁词又最足以阻碍进步。所以，我们对于有些科学上的主张，必得加以阐明。一般外行对于那些主张都看得太认真了，他们不知道提出那种主张的人只是说出了结果，并没有讨论性欲可以禁制到什么程度，也没有讨论性欲本能所受的人为刺激，而这种禁制或刺激却是他们所说出的结果的原因。

*　　*　　*

性欲的发生是很早的。每个看护，或者每个父母，只要留心观察，便可以知道：小孩子生下来只要几天工夫，就有一些性的激动、性的动作。但是这种性的表现多半依环境为转移。所以一个儿童一旦有了这种性的表现，他的父母便该设法转变他的注意。不过事实上他们所用的方法常常不能正当地转变儿童的注意，有时候他们也得不到正当的方法。

假如一个儿童在起初没得到正当的活动，他自然会对于性的动作生出一种较大的要求。这种情形，就在别的器官方面也是如此，性的器官当然不是例外。不过若想把那儿童训练得好，只要趁早着手是有办法的。

普通说来，儿童时代有些性的表现都是常态的，我们看见儿童有了性的动作，原也用不着惊骇。而且两性最后的目标本是异性的互相结合。我们的正当态度应该是留心等着。我们应该站在旁边，监督性的表现，不让坠入歧途。

有些事情实际上是一个人在儿童时代自己练习的结果，通常总喜欢把它看作一种遗传的缺憾。有时候连这种自己训练的行动也被人家看作遗传的特性。比如偶尔有个儿童比较喜欢同性，不大高兴异性，人家便会认定那是一种遗传下来的缺陷。但是我们知道：这种缺陷原是他自己日积月累培养成功的。有时候一个儿童或成人有点变态性欲，许多人又相信那种变态也是遗传的结果。但是如果它确是遗传的结果，为什么这种人要去练习？为什么他会做梦预演他自己的行动？

有些人到了某一个时候，便会停止这种训练；个别心理学是可以解释这类事实的。比如有些人深怕自己会失败。他们是有自卑情结的。他们也许走得太过，结果得了自高情结；在这种情形之下，我们便可以察出一种过分的动作，看去活像过度的性欲。这种人的性的能力也许就强烈一些。

这种冲动尤其易得受着环境的刺激。我们知道：图画、书籍、电影，以及某些社会接触都是过分增加性的冲动的。我们可以说，现在这个时代，一切事情都是使得性欲过分发展的。我们若要肯定一句，说性的事情在现在这个时代里是太被重视了，我们还用不着轻视性的冲动，说它在恋爱结婚和生殖方面没有什么大的关系。

做父母的人，最不可向子女把性的事情张大其词。一般母亲，常常太注意儿童最初所表现的性的动作了，反而使得儿童对于那些动作过分重视。她也许真个吓慌了，以至于时时虑着她的孩子，告诉他，惩戒他。但是我们知道，许多儿童都希望自己是人家注意的中心；所以常常有些因为性的动作而受责备的儿童，反而不去改变那种习惯。在儿童面前，顶好把这件事情看作一种普通的困难，不必太重视了的。假如你不向儿童表示你对于这种事情受了很深刻的印象，你便可以少受许多麻烦。

有时候一个儿童之所以具有某种倾向，他的后面是有背景的。也许他的母亲不独很爱儿子，而且用接吻拥抱等等方法去表示她的情爱。虽然许多母亲都说，她们实在忍不住，不能不吻她们的孩子，拥抱她们的孩子，可是接吻拥抱等事终是不能滥用的。这样的行动，并不足以表示母爱。这种行动不是把儿童看作母亲的儿子，而是把他看作敌人。一个纵容惯了的儿童，在性的方面是不能得到完善的发展的。

*　　*　　*

说到这里，我们可以提明一件事情。有许多医生、许多心理学家都具有一种信仰，以为性的发展是整个心理发展和一切身体动作的基础。在作者个人看来，这种见解是不对的，因为性的整个形式和发展都是依人格为转移的。所谓人格，是指生活的方式和人生的原型说的。

举个比喻，假若有个儿童，把自己的性欲在某方面求得发展，或者另有一个儿童，把自己的性欲压了下去；他们将来到了成年时候的情形是可想而知的。假如我们知道儿童时刻希望做人家注意的中心，希望去克服人家，那么，他在发展性欲的时候，也会以克服人家和做人家注意的中心为目标的。

有许多实行一夫多妻的人，自以为比人家更优秀，有势力。他们于是和很多人发生性的关系；而他们之所以故意加重他们的性欲，显而易见的是由于一种心理作用。他们以为这样一来，他们便做了胜利者。当然，这种想法是不对的，但是这种行为却是他们抵偿自卑情结的一个方法。

自卑情结是性欲变态的根本原因。一个患着自卑情结的人，总是拣着最方便的出路走。有时候他的最方便的出路便是摒绝多数人生问题，过分发展性欲生活。

儿童里面，常常有这种倾向。普通的办法是使得人家为难。他们制造困难，有计划地过着无益生活，去难住他们的父母和教师。后来年纪大了，又去难住别的人们，以争高争胜。这种儿童长大了的时候，常把性欲和克服别人胜过别人的欲望混作一起。有的时候，他们不独摒绝人生中一部分的希望和问题，甚至进而完全摒绝异性，养成一种同性恋爱。大凡变态的人，他们的性欲也是过分强烈的，这倒是一个可以注意之点。事实上，他们之所以把性欲加强，以致养成变态性欲，乃是因为他们不愿解决常态的性生活问题，借此作为护身符的。

我们必得先去了解他们的生活方式，才能懂得这种情形。有些人希望多多得到别人的注意，可是自知没有引起异性的兴趣的充分能力。他们在异性面前自惭形秽；他们这种对于异性的自卑情结，是在儿童时代便伏了根的。比如他们觉得家里的女孩子们和母亲的行为比自己的行为更可爱，于是觉得自己永远会不够资格引起女子的兴趣。他们对于异性拼命仰慕，因而模仿异性。所以我们看见男子有带女性的，女子也有带着男性的。

有一个患着淫虐狂的人，虐待儿童。这个人的情形正可以说明我们已经讨论过的那些倾向的形成。我们一问他的经过，知道他的母亲很专横，常常非难他。但是他在学校里仍是一个聪敏的好学生，而他的母亲对他仍不满意。因此，他不愿意爱他的母亲。他根本不高兴他的母亲，他和他的父亲在一块儿厮混，极爱戴他的父亲。

我们知道，这样一个儿童，自然不免发生一种想法，以为女子都是苛刻的，都是吹毛求疵的，以为和女子接近没有什么快乐，非到万不得已是不必和女子来往的。这样一来，他便真个不和异性来往了。而且他又是一个每逢恐惧，性欲便易激动的人。这种人一方面有所焦虑，一方面又受激动，于是便去寻求一种去掉恐惧的方法。后来他便高兴责罚自己，磨难自己，或者磨难儿童，甚至再进一步，希望自己或别人受到磨难。因为他是这样一个人，所以每在实际上或者想象中磨难自己磨难别人的时候，性的方面便可得到激动，得到满足。

* * *

这个人的情形可以表明不良训练的结果。他不知道他的习惯原是互相关联的；即使知道，也是"悔之晚矣"。一个人到了二十五岁或者三十岁，才受训练，要望他变得很好，自然很不容易。训练的正当时候是在儿童时代。

不过在儿童时代，因为孩子和他父母的心理上的关系，常把事情弄得很复杂。儿童和他的父亲或者母亲中间，因为心理上生了冲突，结果竟至弄成不良的性的习惯。好勇斗狠的儿童，尤其是好勇斗狠的青年，不惜滥用性欲，故意去使得自己的父母伤心。我们知道好些男女儿童，刚刚和父母闹过以后，便和异性发生性的关系。若是儿童晓得自己的父母对于性的事情，特别留心，他就便特别喜欢采用这种办法去报复他们的父母。好勇斗狠的儿童更是差不多一定采用这种攻势的。

避免这种战略的唯一办法，只有使每个儿童对他自己负责，使他不要以为这完全只是父母的事情，实际上与他自己也是有关系的。

除了儿童的生活方式所反映着的儿时环境的影响以外，一国的政治情形、社会状况，也是可以影响到性欲的。政治情形、社会状况，可以产生一种极易传染的社会风气。在日俄战争和俄国第一次革命崩溃以后，一般人民失望颓丧之余，便发生了一种性欲上的大运动，名叫 saninism。所有的成人青年都卷入了这个运动的漩涡。大凡革命的时候，也有同样的纵欲举动；至于战争之际，大家因为生命太不值钱，争相纵欲，以求慰安，那更是昭明彰著的了。

所可怪的是，一般当警察的人，都知道性欲可以作为一种心理上的慰安。至少在欧洲方面，每逢出了犯罪的案子，警察总是跑到妓女家里去搜索的。他们在妓女家里，便可以弋获他们所要缉捕的凶手或别种犯人。犯人之所以躲到妓女家里，是因为自己犯罪以后，紧张过度，想要找点慰安。他要证明自己仍有力气，仍是个有力量的人物，不是没希望了的。

* * *

有一个法国人说过，动物里面只有人类不饿的时候要吃，不渴的时候要饮，随时能有性的关系。人类对于性欲的放纵，的确也不亚于对于别种嗜好的放纵。任何嗜好，若是太放纵了，任何兴趣，若是太发展了，人生的和谐是要受着妨碍的。一般心理文献上，就载得有不少的人，因为把嗜好太放纵了，把兴趣太发展了，结果欲罢不能。守财奴把金钱看得太重，那是人人知道的了。此外又有一种好洁成癖的人，以为清洁才是最重要的事。他们以为洗浴比一切别的活动都重要，有时候整天半晚地尽在洗着。又有一种好吃的人，以为饮食最重要。他们一天到晚地吃，专门注意可吃的东西，言必及食。

性欲过度，也恰恰是一样的情形。对于活动的整个和谐是可以破坏其平衡的，而且一定会使全部生活方式变得没有益处。

性的本能的正当训练，在把性的冲动引向一个有益的目标，在那目标之下，我们的全部活动都要能够表现出来。假如目标选择得当，性欲固然不致过分发展，人生别的方面也不至于过分发展的。

反之，一切嗜好和兴趣固然应该有节制，能和谐，但是完全禁遏也是有危险的。正同饮食一样，如同有人绝对禁食，他的身心是要吃亏的，所以性的方面，绝对禁遏也可以不必。

我们说这些话的意思，是在说明在常态的生活方式之中，性欲自有一种正常的发泄方法。我们并不是说只要性欲得到自由的发泄，我们就可以克制神经病，神经病便是一种不平衡的生活方式的表征。现在有一种宣传得很厉害的说法，说神经病的起源由于性力（libido）受了压抑的缘故，那是不对的。实际上的情形，恐怕恰恰与此相反：人有了神经病，性欲才不能得到正当的发泄。

我们知道有些人受了人家的劝告，滥用性欲，实行以后，反而愈弄愈糟。其所以愈弄愈糟者，乃是因为他们不知道诊治神经病症的方法，只有把性的生活引向有益社会的目标的一个办法，没有这样去实行的。性欲发泄的本身并不能够诊治神经病，因为神经病是生活方式（假如我们能用这个名词的话）方面的毛病，只有从生活方式着手才可以诊治的。

* * *

在个别心理学者看来，很明显的，归根结底，只有幸福的婚姻才是解决性欲上的毛病的完善办法。至于神经病者，是不会赞成这样的办法的，因为神经病者总是很懦弱的，对于社会生活没有充分的准备。同样，凡是性欲过分的人，讲一夫多妻主义的人，讲伴侣婚姻、试验结婚的人，全都是对于性的问题不想从社会方面去寻求解决的。他们不能忍耐，不能根据夫妻互利的原则去解决社会适应问题，却想找种新的办法，以图苟免。其实，有时候最困难的办法，反而就是最直捷的办法。

第十三章　结论

现在可以把我们讨论的结果作个结论了。我们毫不迟疑地承认，个别心理学的方法始终是应付自卑问题的。

我们已经知道，自卑是人类努力与成功的基础，也是一切不良的心理适应问题的起端。若是一个人没有找到一种适当的具体的自高目标，结果便会生出一种自卑情结。由自卑情结而使人发生一种规避的愿望，又由这种规避的愿望而使人有自高情结的表现。但这种自高情结不过是生活上的一种无益的无用的目标，使人自满于虚伪的成功。

这就是心理生活的动的机构。比较具体一点地说，我们知道，心理作用若是出了毛病，它的害处在某个时候要比别的时候大些。我们知道，个人生活方式的倾向在儿童期内——在四五岁的时候——已经弄成了，已经有原型了。因为如此，所以我们若要指导心理生活，全靠对于儿童能作适当的指导。

至于指导儿童，我们已经说过，主要的目的全在培养适当的社会兴趣，然后才能产生有益的健全的目标。唯有训练儿童，使他适合社会的规划，才能使那种普遍的自卑心理走上正当的轨道，才不至于酿成自卑情结或者自高情结。

社会适应是自卑问题的正面。因为个人是卑弱的，所以人类才有社会。所以，社会兴趣与社会合作就是拯救个人的方法。

跋

阿德勒的《生活的科学》，既是他的个体心理学的代表作，也是他给自己提出的个体心理学的绝佳命名。该书开篇就借用美国哲学家、心理学家威廉·詹姆斯的话："只有直接和人生发生关系的科学才是真科学。"《生活的科学》体现了阿德勒对人的生命的尊重，对生活实践的尊重，体现了他对人生价值"社会有用性"的热烈追求和他浓浓的社会情怀。尤其可贵的是，阿德勒"实际握住了个人问题的社会性质，真实地表明了健康与和谐行为的关系"。因此称阿德勒为人本主义心理学的先驱不无道理。从行为分析学派的心理学营垒里冲杀出来，举起个体心理学的旗帜，是由于他受到前辈和同辈心理学家的诸多影响，同时也受到马克思关于人与社会性论述的重要影响,把个人与社会、与社会实践密切联系起来。我们在读《生活的科学》的时候会有某种熟悉的感觉。

《生活的科学》的每一章都与儿童有关,都与教育有关,不仅如此,还有专章讲问题儿童及其教育。"我们应该怎样教育我们的儿童?这也许是我们现在社会生活里面最重要的问题。关于这个问题,个别心理学有很多意思可以贡献。教育,无论是家庭的或者学校的,它的目的都在发展和指导个人的人格。所以,心理科学是正当教育方法所必具的基础;假如我们愿意,我们简直可以把整个教育,看作广博心理生活法的一个分支。"阿德勒说得多好啊!阿德勒这位世界著名心理学家,也是当之无愧的教育家。

从幼时的自卑情结到后来的恋爱与结婚,在《生活的科学》一书中,阿德勒阐述了儿童成长不同阶段的问题、原因和解决办法。他从国家与社会、学校、家庭三个方面对此做了细致、亲切而生动的论述。《生活的科学》初版于九十多年前,八十多年前的1936年,傅任敢先生第一次翻译并出版。尽管时代与国情已有很大的不同，但书中所讲的问题至今似乎仍然鲜活，我觉得我们都会从中受到很大启发，不论是家长、教师，还是社区教育工作者，不论是学校教育，还是家庭教育。

写到最后，还想啰唆几句。傅任敢先生翻译的《生活的科学》，曾请孙国华先生校对。孙先生是傅任敢先生在清华大学教育心理系读书时的老师，清华大学教育心理系的第三位系主任，是我国著名心理学家。同时傅任敢先生还曾请时任中山大学心理系主任的胡毅先生校对。而胡毅先生则是阿德勒批评的行为心理学家华生的学生，但他认为，行为派/完型派者，都只各自阐明了心理学的一面，而抹杀其他；须是把二者熔合于一炉，才是今后心理学者所应取的态度。胡毅先生坚守中道的学术态度是值得欣赏的。

是为跋。

王长纯*

2021年1月28日于北京

---

* 作者系首都师范大学教授，全国教育科学规划比较教育学科组成员，教育部人义社会科学重点研究基地北京师范大学比较教育研究中心学术委员，东北师范大学兼职教授，原首都师范大学教育科学院院长。